DE WERELD VOLGENS GIJP

Michel van Egmond

De wereld volgens Gijp

VOETBAL INSIDE

Omslagontwerp: Studio Jan de Boer
Typografie: Crius Group, Hulshout

ISBN 978 90 488 3414 3
ISBN 978 90 488 3415 0 (e-book)
NUR 489

www.voetbalinside.nl

www.overamstel.com

OVERAMSTEL
uitgevers

Voetbal Inside is een imprint van Overamstel uitgevers bv

Ter nagedachtenis aan

Adriana van der Gijp-Faasse
(1932 – 2016)

en

Daniëlle Anastasia Sijthoff
(1969 – 2016)

'Stories never die. Stories are never over.'

Gay Talese

PROLOOG

Het was kort na de eerste 100.000 verkochte exemplaren van onze gezamenlijke bestseller *GIJP*, dat de hoofdpersoon mij op een dag Harry was gaan noemen. Als ik hem op zijn mobiele telefoon belde, verscheen er in zijn display opeens: MULISCH. Sindsdien sprak hij me regelmatig aan met zinnen als:

'Hé Harry, ben je weer lekker met je pennetje in de weer?'

of:

'En? Ga je nog een leuk boekie maken, Harry?'

of, nog gênanter, wanneer we in gezelschap waren:

'Harry kan lekker schrijven, hè? Leuk toch, voor Harry?'

Van *GIJP* waren sinds de verschijning in 2012 bijna 350.000 exemplaren verkocht, waarmee het volgens de kenners Nederlands best verkochte sportboek aller tijden mocht worden genoemd, en eigenlijk was de hoofdpersoon daar zelf nog steeds niet over uit gelachen. 'Het werd op een gegeven moment ook gelezen door mensen die normaal gesproken de menukaart van de shoarmazaak al een hele opgave vonden,' zei hij dan, maar die grap kon toch niet verhullen dat hij trots was op zijn boek, op de prijzen die het had gewonnen en alle lof die het had gekregen, en zelfs op de voortdurende stroom e-mails van lezers die hem vroegen naar een Deel twee.

Alleen kregen die nooit antwoord.

Een Deel twee, dat zag hij niet zitten.

Gelukkig kreeg ik wel antwoord toen ik hem in het najaar van 2015 benaderde met de vraag of hij misschien zin had in een klein, dun en bescheiden boekje. Een soort handleiding voor de aankomende sportzomer, een Gijpiaanse gids voor het EK en de Olympische Spelen als het ware.

Antwoord: 'Gaan we doen, Harry.'

We spraken af in restaurant The Harbour Club in Rotterdam. Daar dronken we wijn en maakten we plannen voor ons kleine, dunne, en bescheiden boekje. Op zijn verzoek zouden we er ook wat mensen uit zijn omgeving en zijn verleden bij betrekken. Met horten en stoten kwamen we op gang. Erg snel ging het allemaal niet, want in die zorgeloze dagen speelde zijn leven zich nog grotendeels in slow-motion af. Desondanks was vijf maanden later het manuscript voor driekwart klaar.

Maar toen kwam het telefoontje, en kon het hele plan in de prullenbak.
Toen werd alles opeens anders.

Over die periode – kort voor en kort na het telefoontje – gaat dit boek.

Michel van Egmond
Rotterdam, zomer 2016

Dinsdag 1 december 2015, 15:22 uur

The Harbour Club, Rotterdam

Het is koud in Rotterdam, zo aan het einde van het jaar. Vlak voor de entree van restaurant The Harbour Club kondigt knarsend grind de komst aan van René van der Gijp. Hij parkeert zijn auto nog net niet in de garderobe, maar het scheelt niet veel. Elke overbodige stap die hij kan vermijden is er tenslotte één.

Vandaag is hij met de Porsche Panamera gekomen, een slagschip van een auto, die hij laat wegzetten door een medewerker van de Valet Parking. Die zal 'm voor 17,50 euro hemelsbreed een paar meter verderop stallen. Straks, bij het vertrek, zal Van der Gijp hem hiervoor belonen met een zorgvuldig samengevouwen biljet van vijf euro.

Grijnzend, op blauwe UGG-laarzen, sloft hij nu binnen. Om zijn hals een sjaal die aan Yasser Arafat doet denken. Hij is maar twintig minuten te laat. De slaap zit nog in zijn ogen.

'Welkom René,' zegt de oogverblindende gastvrouw.

'Hááááái lieverd,' zegt hij.

'Dag meneer Van der Gijp,' zegt de barvrouw.

'Hallo, meisje.'

'Goed je weer te zien, René,' zegt Koen, de bedrijfsleider, 'ik heb je favoriete tafeltje klaarstaan.'

'Is goed, ouwe pik, is goed.'

Op weg door het restaurant voeren Koen en hij een kort gesprek.

'Je bent eigenlijk net te laat, René. Leo Beenhakker, Dick Advocaat en Cor Pot zaten hier de hele middag te lunchen. Ze zijn net weg.'

'Leuk, man. En wie heeft er betaald? Toch niet kleine Dickie? Nee, anders moeten we de krant even bellen.'

Op televisie begint hij na dit soort grapjes altijd keihard en zo hoog als een sopraan te lachen, maar dit keer niet.

Geeuwend neemt hij plaats aan tafel.

'Wijntje, René?,' vraagt Koen.

'Doe mij eerst even koffie en een watertje, ouwe reus. Het is pas half vier. Ik ben net wakker.'

Het is vannacht laat geworden in huize Van der Gijp, nog later dan normaal. Dat kwam omdat het Kobe Bryant Night was. 'Het principe van Kobe Bryant Night is vrij simpel. Ik installeer me na het eten op de bank met het iPadje en kijk vanaf half acht alles van Kobe Bryant op YouTube. Of alles van Iniesta, als ik toevallig Iniesta Night doe. Alles, hè? John McEnroe, kan ook. Of Zidane. Dan weet je ook niet wat je ziet hoor, die Zidane. Of Ronaldo. Niet die homo, maar die dikke. Zie je 'm bij Inter met tweehonderd kilometer per uur op vier verdedigers af gaan. Die was niet op de brommer, die Ronaldo, die was echt op de motor, hè? Van de week deed ik George Best Night. Was ook top. Heb ik alles weer eens rustig bekeken. Zijn doelpunten, maar ook de dronken interviews, die staande ovatie op Old Trafford bij zijn overlijden, alles. Ja, dan moet je echt bijna niks te doen hebben, hoor. Maar dat hou ik makkelijk tot half een 's nachts vol. Dan moet ik stoppen, want om die tijd begint de herhaling van *Pauw*. Die wil ik altijd wel zien. Maar vaak ga ik daarna door, soms tot het bijna licht is. Voor vanavond weet ik het nog niet. Ik denk dat ik vanavond Roger Federer Night doe. Of Johan Cruijff Night. Tussen die twee twijfel ik nog een beetje.'

Hij steekt zijn armen in de lucht en rekt zich weer een tijdje uitgebreid uit.

'Hè, hè,' zegt hij.

Daarna brengt de ober de menukaart en begint hij eerst een tijdje over Lionel Messi ('waanzinnig'), Mesut Özil ('helemaal waanzinnig, dat mannetje, wáán-zinnig'), Louis van Gaal ('hij praat tegen volwassen mensen alsof ze allemaal nog een luier om hebben'), Johan Derksen ('Snorretje werkt een beetje te hard, er zit bijna geen leven meer in dat lijfje, zo moe is dat mannetje'), Hans Kraay jr. ('Hansie is een lieve jongen, echt een lieve jongen, meen ik echt, helemaal niets mis mee, met Hansie') en daarna al snel weer over Özil, een van zijn lievelingsspelers. Dan openbaart zich zijn diepe liefde voor het voetbal in bevlogen monologen, die alle kanten op kunnen schieten en overal over kunnen gaan, maar die als gemeenschappelijke deler hebben dat er nooit een einde aan lijkt te komen.

Op zijn beste momenten is hij met zijn servet op schoot net zo onvoorspelbaar als vroeger op de rechterflank met de bal aan zijn voet – en roept de ene associatie de andere op. Hij heeft nu eenmaal de gewoonte zijn omgeving voortdurend te scannen op lachwekkende situaties, dus er hoeft een paar tafels verderop maar een man met een verkeerde toupet te zitten, of we zijn weer een uur verder.

Dan begint hij als bij toverslag over kale voetballers.

Over Ruud Geels, voor wie hij als mens en als spits een enorm respect heeft en die hij 'een van de aardigste mensen ooit' noemt, over Dickie Advocaat natuurlijk, die ook al een loopbaan lang zijn vertedering oproept, en dan via de wapperende haarlok van Eddy Treytel naar keepers in het algemeen, die uiteraard allemaal gek zijn, net als trainers trouwens, Louis van Gaal voorop natuurlijk, en voordat je het weet zou zo'n lunch dan soepeltjes kunnen overgaan in het diner.

Gelukkig is zijn idioom kleurrijk, zodat het niet snel saai wordt. Hij zegt bijvoorbeeld nooit dat zijn oud-ploeggenoot Pim Doesburg gierig is. Hij zegt 'dat Pimmetje een portemonnee van uienleer heeft' of 'dat Doesburg vroeger altijd in de tuin ging zitten blaffen om een hond uit te sparen' of 'dat hij zó zuinig op zijn spullen is dat hij 's nachts zijn kleren op bed legt en zelf over de leuning van de stoel gaat hangen'. En als hij de kijkers van *Voetbal Inside* duidelijk wil maken dat PSV'er

Género Zeefuik misschien iets aan zijn gewicht moet doen zegt hij dat 'Zeefuik een kont heeft als Rita Corita'.

Niemand in de hele voetbalwereld praat zoals hij. Hij is een van de weinigen in het verder volledig voorspelbare universum der tv-analisten die er een dusdanig excentriek taalgebruik op na houdt dat je hem voortdurend zinnen kunt horen zeggen als:

'Weet je wat het nou is? Maar vijftig procent van de mensen rondom zo'n voetbalelftal kan werkelijk iets bijzonders, en die andere vijftig procent wordt door hen meegezogen. Want als Bert van Lingen niet een keer per ongeluk tegen Dickie Advocaat was opgebotst, had hij nu ergens in een speciaalzaak voor modeltreinen gewerkt. En als John van 't Schip niet toevallig dik was met Johan Cruijff, had-ie gewoon een kapperszaak in de Jordaan gehad. En dan heb ik het nog geeneens over al die jeugdtrainers die nu in het buitenland hun zakken aan het vullen zijn. Er zijn in Oekraïne en Oezbekistan op dit moment gasten miljonair aan het worden die normaal gesproken gewoon bij jou in het tuincentrum om de hoek hadden gewerkt.'

Ook de overdrijving ('Arjen Robben raakt al geblesseerd als-ie iets te hard zijn tandjes poetst') is een stijlfiguur waar hij wel raad mee weet. 'Mesut Özil is een geschenk van God aan de voetballiefhebber,' zegt hij dan bijvoorbeeld. 'Meen ik echt. Het is alleen maar omdat je weet dat die kleine op zondag nog even op tv langskomt, dat je de rest van het weekend dat gestuntel van al die andere kneuzen kunt aanzien. Özil is eigenlijk ter wereld gekomen om ervoor te zorgen dat wij Ruudje Vormer en Lex Immers kunnen verdragen. Zonder hem zou dat nooit lukken.'

De ober komt zijn kant op. Het is tijd om te bestellen. Van der Gijp doet alsof hij het niet ziet. 'Andersom is het ook zo,' zegt hij. 'We kunnen alleen maar zo van Özil genieten als we tussendoor ook aan Bram van Polen kunnen zien dat het nog helemaal niet zo gemakkelijk is, dat voetballen.'

De menukaart ligt al de hele tijd opengeslagen voor hem. Hij peutert tijdens het praten wel voortdurend aan de hoeken van de pagina's, maar aan lezen is hij nog niet toegekomen.

'Özil doet alles op instinct en dat maakt hem zo bijzonder. De meeste spelers weten allang wat ze met de bal gaan doen voordat ze 'm krijgen. Die kleine niet. Die gaat gewoon wat proberen. Die ziet wel waar-ie uitkomt. Een beetje als een schilder. Die zet ook eerst een paar strepen op het doek, en niet gelijk het complete schilderij. Hij dribbelt de ene kant op, maar als het daar te druk is, dribbelt-ie net zo makkelijk weer naar de andere kant. Mooi man. Elke seconde vliegen er honderdduizend opties door dat bolletje.'

De ober verschijnt nu aan de rand van de tafel. Normaal gesproken is Van der Gijp zeer joviaal en vriendelijk tegen bedienend personeel – al valt er in zijn gedrag wel een lichte voorkeur te bespeuren voor jonge blondines met hoge laarzen – maar dit keer negeert hij de man een tijdje. Hij is over Özil aan het praten. Dan wordt hij liever niet gestoord.

De ober buigt nu wat naar voren en kijkt hem vragend aan, maar ook dat heeft allemaal weinig zin, want René van der Gijp leeft al meer dan een halve eeuw in zijn eigen tempo en geen ober ter wereld die daar nog verandering in gaat brengen.
'Die kleine neemt bijvoorbeeld ook geen strafschoppen, hè?'
Een slokje water – voor het effect.

'De meeste spelers van zijn kaliber zijn anders. Die nemen het liefst niet alleen de strafschoppen, maar ook de corners, de ingooien, de achterballen, de aftrapjes, alles. Iemand als Cristiano Ronaldo bijvoorbeeld. Als die voor een wedstrijd bij het stadion aankomt, schiet-ie het liefst al vanaf de parkeerplaats op het doel.'
Nog een slokje water.
Dan slaat hij tot opluchting van de ober eindelijk de menukaart dicht.
'Nou, ik ben er wel uit,' zegt hij. 'Ik denk dat ik vanavond toch Johan Cruijff Night doe.'

Krabvissers

-Wat is er nou zo leuk aan om 's nachts drie keer dezelfde aflevering van *DWDD* te bekijken?

'Nou, dat klinkt een beetje gek, maar ik ben heel erg ontvankelijk voor de emoties van anderen.'

-Hoe bedoel je?

'Als ik bijvoorbeeld met mensen zit te eten en er zegt opeens een man onbedoeld iets heel pijnlijks tegen zijn vrouw, dan kan ik denken: o jee, dat was een heel verkeerde opmerking op een heel verkeerd moment. En daar ben ik dan de hele avond in gedachten mee bezig. Terwijl die mensen dat zelf niet eens in de gaten hebben of het allang zijn vergeten, denk ik de hele verdere avond: hoe zal dat nou gaan, straks in de auto terug? En als ze thuis zijn? En morgenochtend, bij het ontbijt? Daarom zuip ik ook altijd het liefst zo snel mogelijk de halve fles wijn leeg. Als je iets gedronken hebt, is dat gevoel wat minder aanwezig. Wanneer je helemaal nuchter bent, komt alles veel harder binnen.'

-De stemming die je bij hen vermoedt, beïnvloedt je eigen stemming?

'Ja, nogal. Heel vermoeiend is dat.'

-Wat heeft dit eigenlijk met drie keer op een avond *DWDD* kijken te maken?

'Nou, als je alleen thuis bent en voor de tv zit, heb je heel weinig prikkels om je heen. Bijna geen. Dat is lekker. En als ik dan toch behoefte heb aan prikkels, kijk ik naar de talkshows. Dan ontvang ik alleen maar prikkelingen van vreemden, wat het al minder indringend maakt. Snap je? Het is ook op afstand. Er zit een schermpje tussen. En ik kan zappen als het allemaal echt te pijnlijk wordt.'

-Dan ga je zappen?

'Ja. Even naar Discovery Channel. Daar hebben ze tot een uur of vier in de ochtend van die documentaires, meestal over krabvissers op de Beringzee of zo. Vind ik heerlijk om naar te kijken. Als het bij *DWDD* of Pauw te tenenkrommend wordt, als het zweet me echt uitbreekt van plaatsvervangend ongemak, dan ga ik altijd even naar de krabvissertjes toe. Of naar 24Kitchen. Ook goed.'

-24Kitchen?

'Lekker artisjokken snijden.'

-Je bent een rare man.

'Valt reuze mee, ouwe pik. Echt.'

Dinsdag 8 december 2015, 15:57 uur

The Harbour Club, Rotterdam

Restaurant The Harbour Club is de imposant glimmende verzamelplaats voor het meest uitbundige deel van de Rotterdamse chic, gelegen op een van de mooiste plekjes van de stad, midden in het groen aan het einde van de imposante Parklaan, vrijwel in de schaduw van de Euromast. Het bewind wordt er gevoerd door Koen, die precies de juiste semi-joviale toon hanteert die past bij deze gelegenheid, en waar de ontvangst tot grote vreugde van René van der Gijp ook nog eens wordt verzorgd door knappe blonde gastvrouwen op wie hij stuk voor stuk een beetje verliefd is. Het is al een tijdje zijn favoriete plek in de stad.

Iedereen kent hem hier en weet dat hij zijn auto altijd pal voor de deur parkeert, en dat hij graag op dezelfde plek aan hetzelfde tafeltje zit en daar over het algemeen ook dezelfde dingen doet. Hij begint na binnenkomst altijd direct zijn spullen uit te stallen en recht te leggen – bril, telefoon, sleutels, soms een agenda, nog een bril – en vraagt dan om 'een watertje, met prik, een grote fles' en 'het menukaartje', hoewel hij negen van de tien keer toch hetzelfde bestelt. De steak sandwich of de gegrilde tonijn met spaghetti.

'Hier,' zegt hij nu bij binnenkomst in zijn favoriete restaurant, iets minder dan een halfuur na het afgesproken tijdstip. 'Moet je dit eens lezen.'

Hij overhandigt een brief. De afzender is een onbekende maar trouwe kijker van *Voetbal Inside.* Hij had Van der Gijp een tijdje terug op televisie horen vertellen over de stichting Support Casper, die de strijd aangaat met alvleesklierkanker. 'Wat denk je? Een paar dagen na de uitzending kreeg die man te horen dat hij het zelf had. Alvleesklierkanker. Niets meer aan te doen. Hij verwacht nog maar een paar maanden te leven. Erg hè? Maar nu komt het: die meneer heeft nagedacht, schrijft-ie, en hij biedt nu aan om op televisie te komen sterven. Live in de studio, tijdens een uitzending van *Voetbal Inside.* Om zo wat extra aandacht op te wekken voor de Stichting. Doodgaan op tv dus. Zie je het voor je? Eerst het laatste nieuws van Heracles, dan Johan met de Toto en dan iemand die doodgaat. Zoiets. Dit is geen grap hè? Dit is serieus.'

Hoofdschuddend loopt hij naar zijn vaste tafeltje. Dit soort dingen kunnen hem dagenlang bezighouden.

Hij praat en denkt de laatste tijd sowieso veel over de dood, veel meer dan vroeger in elk geval. Het is hem zelf ook opgevallen. Vorige keer nog, was het aan tafel een hele tijd over wijlen Fritz Korbach gegaan. Gelukkig blijft de toon ondanks alles wel altijd lekker luchtig. 'Het zal de leeftijd wel zijn, maar ik denk de laatste tijd best vaak aan mensen die er niet meer zijn. Ook aan die malle Fritz. De laatste keer dat ik hem zag, vlak voor zijn dood, had hij zo'n buisje in zijn keel. Elke slok die hij nam, liep er dan gelijk weer uit. Toen dacht ik nog: dat was eigenlijk vanaf het begin af aan de oplossing geweest. Als al dat bier er al die jaren gewoon door een buisje weer uit was gelopen, had-ie nu nog geleefd. Ook een figuur hoor, Fritzie. Ja. Godver. Zonde man.'

Eenmaal aan zijn vaste tafeltje, met alle spullen symmetrisch genoeg neergelegd om zich te kunnen ontspannen, zegt hij dat peinzen over de dood niet van een vreemde te hebben. 'Daar kan ik niets aan doen. Dat heb ik van mijn ouders.' Hij omschrijft zijn vader en moeder als 'ontzettend lieve maar ook bange mensen, met allebei in extreme mate paniek- en angststoornissen'.

Hij zegt: 'Mijn moeder leeft nog. Ze is nu op een leeftijd gekomen waarop ze haar angsten steeds moeilijker kan onderdrukken. Ze is zo krankzinnig bang voor de dood, dat haar dagelijks bestaan daardoor inmiddels bijna onleefbaar is geworden. Ze voelt zich ook niet meer thuis in deze wereld. Alles is voor haar gevoel veranderd, alles. Niets is meer zoals ze het kende. Dat is zielig, man. Dat ikzelf me er toch geregeld toe kan zetten om bij zieke mensen op bezoek te gaan, of zelfs aan het sterfbed van iemand kan zitten, zoals bij John Blankenstein of Fritz Korbach, dat is zo omdat ik vind dat je jezelf met je angst moet confronteren. Je moet het niet altijd uit de weg gaan.

Ik ben bijvoorbeeld niet iemand die vliegen heel hoog op

zijn verlanglijst heeft staan. Toch ben ik wel bereid om af en toe in zo'n toestel te gaan zitten. Ik wil bijvoorbeeld nog een keer naar Camp Nou, samen met Jantje Boskamp. Effe heen en weer, voor een wedstrijdje van Messi. Jan met een Cargo vliegtuig en ik gewoon met Arke Reizen. Eet ik op de Ramblas een bordje paella en Jan eet een kameel, of een rendier, zoals altijd. Met een litertje bearnaisesaus. En die vliegangst: daar moet ik dan maar even doorheen. Voor Messi en Jantje Boskamp heb ik dat wel over. Ik weiger me volledig te laten dicteren door mijn eigen angst. Anders zou ik ook helemaal de huiskamer niet meer uit komen.'

Dood, angst en ziekte, het zijn niet zijn favoriete gespreksonderwerpen. Tenminste, niet als het te dichtbij komt, want gek genoeg leest hij er wel veel over. 'Het wetenschapskatern van *de Volkskrant* spel ik elke zaterdag. Elk medisch bericht lees ik. Ik zoek dingen uit op internet. Lees weleens een boek over kanker of zo. En soms ga ik ook naar een lezing van Caspertje. Bijvoorbeeld over de groei van tumoren, dat soort dingen.'

Caspertje is de internationaal vermaarde prof. dr. C.H.J. van Eijck, eminent oncoloog en hoogleraar algemene chirurgie, specialisatie: de alvleesklier. De spaarzame uren dat hij niet in het Erasmus Medisch Centrum verblijft, is hij de clubarts van Feyenoord. Ook is hij de beste vriend van René van der Gijp. Dat is al zo sinds de jaren dat ze samenwerkten op Het Kasteel, de een als jonge clubarts, de ander als iets te dikke rechtsbuiten.

'Die lezinkjes van Casper zijn best te volgen voor een leek, zolang er maar niet te veel medische termen in voorkomen. Alhoewel, om mijn vriend in Latijn te horen doceren, daar kan ik ook erg van genieten, zelfs al snap ik er niks van. Dan ben ik gewoon trots op Caspertje. Kijk 'm daar nou staan, denk ik dan, mijn vriend de professor... Dat vind ik mooi.'

Hij begint opzichtig naar de ober te zwaaien.

'Hé, doe mij zo'n steak sandwich, pikkie.'

'Een steak sandwich? Prima René.'

'Is toch lekker?'

'Zeker, René.'

'Daarom.'

Daarna praat hij over het middenveld van Arsenal ('Azzenal' zegt Van der Gijp altijd), over Kees Rijvers ('lief mannetje'), over Guus Hiddink ('slim mannetje'), over Jan Boskamp ('geweldig mannetje') en nog maar heel weinig over de dood, of andere zware zaken.

Het is geen straf om naar hem te luisteren, want eenmaal op dreef is Van der Gijp qua timing een raconteur van uitzonderlijke klasse. Dat heeft hij deels geleerd van een van de weinige trainers waar hij ooit ontzag voor kon opbrengen: Barry Hughes, ex-trainer van Sparta en freelance carnavalszanger annex spreker. 'Ik heb nog nooit iemand ontmoet die beter een verhaal kon vertellen dan Barry Hughes. Echt nog nooit. Vroeger, bij Sparta, stond hij een uur voor de training al bij ons in de kleedkamer te vertellen. Dan zat je echt naar een onemanshow te kijken. Beter dan Toon Hermans en Hans

Teeuwen bij elkaar. Later is hij van die after-dinner speeches gaan geven. Ik ben ervan overtuigd dat hij vroeger op ons heeft geoefend. Voetballers zijn een kritisch publiek. Hij moet hebben gedacht: als die gasten in de kleedkamer lachen, dan lachen die mensen in de zaal straks zeker. Intussen imiteerde hij iedereen, dat kon hij ook goed. Vooral Louis van Gaal. Big Louis.'

René van der Gijp heeft dit al duizend keer verteld. Maar het is nu eenmaal een van zijn favoriete herinneringen, dus laat hij zich niet weerhouden. Net als zijn leermeester Hughes geniet hij van het opdissen van een goed verhaal, zelfs al bestaat zijn gehoor uit een eenmanspubliek dat feitelijk de clou allang kent.

In The Harbour Club legt hij nog eens uit dat Hughes niet alleen precies kon voordoen hoe Big Louis liep, maar ook hoe Big Louis zijn kleren ophing, hoe hij na de wedstrijd zijn haren waste en zelfs hoe hij bij een achterstand in de rust woedend in zijn thee roerde.

'Kijk,' zegt Van der Gijp.

Hij heeft zijn servet afgedaan, zijn bestek neergelegd en is opgestaan. Hij gaat nu even voordoen hoe Sparta's aanvoerder Louis van Gaal zich 35 jaar geleden voortbewoog. Het restaurant zit inmiddels halfvol. Een paar tafeltjes verderop beginnen de eerste hoofden zich al om te draaien.

Hij doet een paar stappen naar achteren.

'Let op hè?'

Hij zet zijn voeten wijd uit elkaar, recht zijn rug, strekt op

een overdreven manier zijn nek en begint dan door het restaurant te waggelen.
Het is een vreemd gezicht. Bijna valt zijn bril van zijn voorhoofd.
'Een eend!' giert hij, 'Kijk dan! Hij liep als een eend, Big Louis!'

Zijn lach gaat als een brandalarm door de zaal. Een blond jongetje van twee tafels verderop, net opgestaan voor een hand en een selfie, is inmiddels weer gaan zitten.

Zo wordt het vanzelf een vrolijke middag. Pas tegen zes uur roept de plicht. 'Nou, zullen we maar gaan, Harry?', zegt hij. 'Ik moet nog even boodschappen doen voor mijn moeder. Het gaat niet zo goed met haar. En dan kan ik daarna thuis nog even op de bank mijn oogjes dichtdoen, voordat vanavond het voetballen begint.'

Als hij niet in een restaurant dineert, eet hij vrijwel elke avond bij Daniëlle thuis, de moeder van zijn jongste zoon voor wie hij een paar straten verderop een huis heeft gekocht, want in zijn eigen keuken is macaroni met saus-uit-een-potje het meest exotische wat er ooit op het vuur heeft gestaan.

Meestal voetbalt hij eerst wat in de tuin met Nicky, wandelt na het eten als dank met de hond, kijkt daarna met Daniëlle nog een tijdje televisie, en vertrekt dan weer naar zijn lievelingsplek: zijn eigen, lege, stille, schone huis.

Als hij op het parkeerterrein van The Harbour Club staat, komt toevallig net Cor Pot aanrijden, ook in een Porsche, maar dan van iets bescheidener formaat.
Er volgt een kort gesprek.

'Hé, René.'

'Corretje.'

Als twee hondjes bij een lantaarnpaal besnuffelen de mannen elkaars vervoersmiddel.

'Mooie auto, René.'

'Ja, lekker toch?'

'Ga je de stad in?'

'Nee joh. Naar huis, tv-kijken.'

Badjas

-Heb je je eigenlijk weleens afgevraagd waarom je zo graag 's nachts alleen bent?

'Jawel, hoor.'

-En?

'Het heeft iets te maken met de controlfreak in mij. En met het feit dat het leven even tot stilstand komt tussen twaalf uur 's avonds en vijf uur 's ochtends. Het heeft iets veiligs. Kijk, overdag hou ik er toch altijd rekening mee dat elk moment Daniëlle me kan bellen om te vertellen dat Nicky een pot Bengaals Vuur iets te lang heeft vastgehouden. Dat is natuurlijk ook het idiote gedrag van een controlfreak, dat weet ik zelf ook wel. Maar om half een 's nachts is dat wel een beetje voorbij. Het enige gekke dat er dan nog kan gebeuren, is wanneer ik zelf gek ga doen. Dat is een geruststellend gevoel. Ik weet dat mijn moeder slaapt, dat mijn kinderen slapen, dat de deur bij iedereen op slot zit, dat er in principe niets kan gebeuren, dat ik niet gebeld zal worden en dat er waarschijnlijk ook geen bezoek voor de deur staat. Dat ik helemaal mezelf kan zijn, met heel weinig voorvallen rekening hoef te houden en aan niemands verwachtingen hoef te voldoen.'

-De totale rust.

'Ja, heerlijk. Een rust die als een warme badjas voelt. Meestal ga ik om half een 's nachts douchen. Of ik zet om kwart voor twaalf de sauna aan. Dan ga ik daarna op de bank zitten, helemaal schoon, trainingsbroekie aan, natte haartjes, glaasje whisky op tafel en dan voel ik me heerlijk. Kijk, je hebt ook ochtendmensen, hè? Die vinden het lekker om het wekkertje vroeg te zetten en gelijk aan de wedstrijd te beginnen. Dat heb ik niet. Wat mij betreft kan de nacht niet lang genoeg duren. Ik ga soms om vijf uur 's ochtends met tegenzin naar bed. Heb ik de halve nacht naar het Oranje van 1974 zitten kijken. Cruijff, Neeskens, Van Hanegem, mijn grote vriend Wimpie Suurbier... Dan heb ik echt een topavond gehad.'

Donderdag 10 december 2015, 15:25 uur

The Harbour Club, Rotterdam

In het Rotterdamste restaurant van Rotterdam glimt en blinkt alles weer zoals gewoonlijk, maar toch is er vandaag iets vreemds aan de hand. Van der Gijp is op tijd. Sterker nog: hij zit al voor het afgesproken tijdstip op zijn vaste stek. Dat heeft ongetwijfeld te maken met zijn tafelgenoot van vandaag. Die leidt een leven waarin geen seconde te verspillen valt. 'Caspertje komt zo,' zegt hij. 'Nog even snel wat mensjes opereren en dan stapt-ie op z'n scooter hierheen.' Daarna begint hij een tijdje met zijn vingers op tafel te trommelen.

'Hè, hè,' zucht hij.

Zijn collega's Derksen, Genee en Kieft zijn nu onderweg naar de studio van *Voetbal Inside*. Er wordt vanavond overal in Europa gevoetbald, dus moet er ook over gepraat worden, hoe onbenullig het wedstrijdprogramma ook is. Vooral Derksen spreekt daardoor over de Europa League-diensten op een toon alsof hij er elke donderdag door de reclassering heen wordt gestuurd. Dat komt ook doordat het ellenlange bijeenkomsten zijn, grotendeels doorgebracht in een ruimte zonder ramen en zonder zuurstof, maar wel met heel veel tv-schermen, diep in het binnenste van het Hilversumse Media Park.

Het gebeurt daardoor weleens tijdens de tweede helft van VfB Ulm'04-Spartak Trvnaskiskyczzmetalurgpdnjeprofskevski, dat de ogen van Derksen per ongeluk even dichtvallen. Wim Kieft doet dan altijd net of hij dat niet ziet. Hij praat hem later waar nodig bij. Er moet en zal tenslotte geanalyseerd worden, want de zender is tot diep in de nacht vrijgehouden voor voetbal.

Alleen René van der Gijp heeft zich daar een tijdje geleden al aan onttrokken. Hij kon het niet meer opbrengen. 'Weet je hoe lang die voorbeschouwingen van de Europa League duren?', zegt hij aan tafel. 'Die duren geen vijf minuutjes, die duren een uur. Nou, ik kreeg in dat uur gewoon een hekel aan mezelf. Meen ik echt. Ik zat 58 minuten uit mijn nek te zwammen over iets waar ik in 2 minuten eigenlijk over uitgeluld was. Dat wilde ik de mensjes thuis niet meer aandoen. Kom op, hé. Ik vind trouwens dat hele voorbeschouwen niks. Niet van mezelf, maar ook niet van een ander. Wat heeft het voor zin? Het is koffiedik kijken, meer niet. Zelfs Jomanda kan er niets zinnigs over zeggen. Nee, ik ben erg voor het BBC-model. Een aankondiging van de wedstrijd, een paar feiten over de opstelling hooguit, dan het commentaar bij de beelden, en pas daarna, helemaal op het eind, de analyse. Daar zijn we voor: om onze visie te geven op datgene waar we met z'n allen naar hebben zitten kijken. Niet om voorspellingen te doen. Dan ben je horoscoop-tv aan het maken. Daar had ik geen trek meer in. Het liep ook altijd op een teleurstelling uit, die wedstrijdjes. Dan had ik op dinsdag en woensdag naar Barcelona en Chelsea en Real Madrid en Manchester United gekeken in de Champions League en dan moest ik op donderdag opeens naar dat gestuntel van FC Slovan Liberec in de Europa League gaan zitten koekeloeren. Of naar Kuban Krasnodar. Schei 's uit, zeg. Dat is ongeveer hetzelfde als twee nachten doorbrengen met Doutzen Kroes en dan de derde nacht opeens Bonnie St. Claire in je bed aantreffen. Oh kijk, daar is Caspertje al.'

De professor heeft zijn scooter geparkeerd en komt nu grijnzend het restaurant binnen. De begroeting is hartelijk, vertrouwd. Er was destijds bij Sparta een instant klik tussen de jonge arts en de losbol. Ze leken een beetje op elkaar. 'René en ik bleken al snel op dezelfde golflengte te zitten,' zegt de professor, wanneer hij zijn helm heeft weggelegd en is aangeschoven. 'We konden allebei het vreemde in veel dingen zien. Dat opgewonden gedoe om niks, dat overdreven gedrag in die voetbalwereld: het werkte enorm op onze lachspieren. En nog steeds. Dat schept een band.'

In zijn eerste jaren op Het Kasteel combineerde Casper van Eijck zijn werk langs de lijn nog gewoon met weekenddiensten in het Rotterdamse Dijkzigt Ziekenhuis. Op zaterdagnacht bekommerde hij zich om de comazuipers, de vechtersbazen en de verkeersslachtoffers van de stad, de mensen met de schotwonden, de epileptische aanvallen, en de iets te enthousiast ingebrachte seksspeeltjes die niet meer los wilden laten. De volgende middag verruilde hij dan de geur van ether voor die van Midalgan, vertelde in de kleedkamer, zonder namen te noemen maar wel in geuren en kleuren, welke attributen hij nu weer op plekken in het menselijk lichaam had aangetroffen waar ze helemaal niet thuishoorden, en boog zich op Het Kasteel met evenveel toewijding over de hamstring van René van der Gijp of de ingegroeide teennagel van Ronald Lengkeek.

Het voetbal, Sparta, en alle paradijsvogels die hij er zag binnenfladderen, hielpen de dokter al die jaren vooral met één ding: relativeren. 'Leen van Oosten, ken je die nog? Speelde bij ons centrale verdediger. Leen had op een vrijdag een keer last van zijn rug. De fysiotherapeut en ik werden erbij gehaald. Leen werd behandeld en kreeg het advies het rustig aan te doen, dan zou hij het weekend gewoon kunnen spelen. Maar de volgende dag moest hij halverwege de training al stoppen. De pijn was alleen maar erger geworden. "Wat heb je gisteren dan gedaan?", vroegen we. "Niks, ik heb alleen maar mijn kruipkelder leeggemaakt," zei Leen. Toen dacht ik: het is ook allemaal zinloos. Laat ik er maar een beetje om lachen, om dat voetbalwereldje. Dat is waarschijnlijk het beste.'

Intussen groeide hij als oncoloog uit tot een internationale autoriteit op zijn vakgebied. Toch sterft negentig procent van zijn patiënten binnen zeer korte tijd; dat is nu eenmaal de aard van de ziekte. Gelukkig is er dan zijn vriend Van der Gijp om de moed erin te houden.

'Ik heb de neiging om het probleem van de patiënt tot mijn eigen probleem te maken. Dat is niet zo verstandig in mijn positie. Als ik met René praat, weet hij me daar altijd op tijd op te wijzen. En op een heel prettige manier. René leert mij relativeren. Dat heb ik nodig, zelfs in mijn werk als clubarts. We vinden allebei dat er over voetbal veel te ingewikkeld wordt gedaan. Dat het ook veel te belangrijk wordt gemaakt. Maar als je er, zoals ik, middenin zit, bestaat altijd het gevaar dat je je toch te veel laat meeslepen. René voorkomt dat voor mij. Als we met Feyenoord een uitwedstrijd hebben gespeeld en met de spelersbus zijn teruggekeerd bij De Kuip, is hij daarom altijd de eerste die ik bel wanneer ik in de auto zit. Binnen vijf minuten sta ik dan weer met beide benen op de grond.'

Twitter

-Je bent een van de weinige bekende Nederlanders die helemaal niet aan Social Media doet.

'Social Media? Wat bedoel je? Twitter en zo?'

-Bijvoorbeeld.

'Ja maar, lieve schat: ik doe zo weinig. Ik zou niet weten wat ik moet twitteren. Ik drink koffie. En dan twee uur later: ik drink nog steeds koffie. Dat schiet toch niet op?'

Dinsdag 15 december 2015, 16:27 uur

The Harbour Club, Rotterdam

Net als zijn vriend Van der Gijp zit ook Casper van Eijck met enige regelmaat 's nachts om half vier wezenloos naar een stelletje Vietnamese garnalenvissers op Discovery Chanel te kijken, maar het verschil is wel dat hij dan tot drie uur in de nacht aan een getransplanteerde lever heeft staan sleutelen. Net als een voetballer na een grote wedstrijd, kan hij dan nooit direct slapen.

Elke dag staat hij om zes uur op om naar het ziekenhuis te gaan, ongeveer op het tijdstip dat Van der Gijp naar bed gaat, om op z'n vroegst tegen half acht 's avonds weer terug te keren, wanneer Van der Gijp al halverwege zijn eerste rondje *DWDD* zit. Hij speelt bij thuiskomst dan altijd eerst een tijdje piano om de stress van alledag kwijt te raken – bij voorkeur de wat langzamere stukken van Bach, Chopin en Satie –, dineert met zijn vrouw, een voormalig hockey-international uit Spanje, kijkt wat televisie, neemt vakliteratuur tot zich of skypt met Amerikaanse collega's en gaat dan naar bed.

In tegenstelling tot zijn boezemvriend is hij een man die

geen seconde te vermorsen heeft. Overdag voert hij soms twee operaties tegelijk uit. Ze duren gemiddeld een uur of acht. Op andere dagen geeft hij les, doet onderzoek, pleegt overleg of spreekt op medische congressen, in zalen voor honderden dokteren of studenten, en dus ook af en toe voor een verdwaalde ex-profvoetballer.

Een paar dagen geleden opereerde hij een meisje van 21 jaar. Alvleesklierkanker. Het was een drastische ingreep, en bijna tegen beter weten in. Vandaag keerde ze terug op de afdeling. Hij had er speciaal de operatiekamer voor verlaten en had als cadeau een Feyenoord-shirt geritseld, gesigneerd door de complete selectie. 'Als je dan ziet hoe blij je iemand met zoiets kleins kunt maken, dat is gewoon prachtig. Het is fascinerend om te ervaren hoeveel potentie er in voetbal zit. In mijn Sparta-tijd nam ik jonge kankerpatiënten soms mee naar het stadion. Ik regelde een box en gaf ze chemotherapie terwijl ze naar de wedstrijd keken. Wat denk je? Ze hadden nergens last van. Ze werden niet misselijk of niks, want ze gingen helemaal op in het spel. Dat is de kracht van voetbal.'

Hoewel hij tien jaar lang dubbele operaties moet uitvoeren om te verdienen wat Colin Kâzim-Richards voor één seizoen kansen missen in De Kuip ontving, voelt hij zich nog wel thuis in de voetbalkleedkamer. 'Omdat het een interessante omgeving is om te observeren. Om te leren van de trainers die je meemaakt, om te zien hoe het moet en heel vaak ook hoe het juist niet moet. Groepsprocessen, die zijn ook heel interessant. Waarom gaan dingen binnen een team zoals ze gaan? Hoe komt het dat heel talentvolle spelers op een bepaald moment volledig van het padje raken en niets meer van hun loopbaan bakken? Met andere woorden: waarom doen ze niet gewoon normaal?'

Aan de andere kant: zijn beste vriend deed als speler ook zelden normaal. En ook bij hem heeft iedereen zich altijd afgevraagd of hij er wel helemaal uit heeft gehaald wat erin zat. Maar daar haalt de professor zijn schouders over op. 'René heeft invulling aan zijn leven gegeven op een manier waar hij zich prettig bij voelt. En, heel belangrijk: zonder a-sociaal te worden. Dat is knap. Als ik alleen al zie hoe hij met zijn exen omgaat, dan vind ik het nogal misplaatst om daar heel kritisch over te zijn. Vergis je niet in wat hij allemaal voor anderen doet. Ik kan bijvoorbeeld altijd een beroep op hem doen, hij stelt mij of het ziekenhuis nooit teleur, helemaal nooit. En wat betekent dat dan, "alles eruit halen wat erin zit?" Veel prijzen winnen? Veel interlands spelen?'

De dokter schudt zijn hoofd.

'De basis van alles in het leven is volgens mij dat je gelukkig bent. Gelukkig en tevreden met jezelf. En als ik dan naar die twee dingen kijk, denk ik: nou, dan heeft René het behoorlijk ver geschopt.'

Longfotootje

-Wat heb je de afgelopen tijd gedaan?

'Niks.'

-Niks?

'Nee, ik doe niet zoveel. Ik ga elke nacht om een uur of vier, vijf naar bed. Dan slaap ik tot een uurtje of twaalf, één in de middag.'

-Ja, en dan?

'Nou, dan pak ik de krant en ga ik weer op de bank liggen. Of ik ga boodschappen doen voor mijn moeder. Of Engels voetbal kijken.'

-Ik hoorde dat je je hebt laten onderzoeken in het Erasmus Medisch Centrum.

'O ja, dat ook. Klopt. Maar dat doe ik altijd aan het einde van het jaar. Gewoon, bij Caspertje. Die is professor en hoogleraar en dokter tegelijk, en die heeft langer op school gezeten dan jij en ik bij elkaar, dus die zal er wel verstand van hebben. Toch?'

-Zeker. Maar wat doet-ie dan precies?

'Gewoon, bloed afnemen. Longfotootje. Even naar het hartje luisteren. Me onder een paar van die scan-apparaten douwen.'

-En?

'Nou, Caspertje denkt dat ik de volgende kerst wel weer haal.'

Dinsdag 22 december 2015, 15:12 uur

The Harbour Club, Rotterdam

René van der Gijp klapt zijn telefoon open.

'Let op, hè?'

Na enig zoeken verschijnt er een digitale kerstkaart op zijn scherm. De afzender is Ruud Gullit. Op de afbeelding kun je hem naast een kerstboom zien staan, breed lachend als altijd, in zijn handen een bal met daarop de initialen RG.

'Ja, ja,' zegt Van der Gijp, 'Ruudje heeft zijn eigen kerstbal, hè?'

Hij geeft toe dat hij uren naar de foto kan kijken, want er is geen sporter door wie hij meer geobsedeerd is dan door Ruud Gullit. 'Weet je wat ik nou zo fascinerend aan die jongen vind? Hij lijkt zich nooit ongemakkelijk te voelen. Vroeger als voetballer ook al niet. Frank Rijkaard zei altijd: "Iedereen was nerveus in de kleedkamer van AC Milan, de één wat meer dan de ander, maar allemaal voelden we spanning. Behalve Ruud. Die was nooit nerveus. Die was het tegenovergestelde van nerveus. Die kon juist niet wachten om de wereld te laten zien hoe goed hij was." Mooi, hè? Dat had Ruud al bij FC Haarlem, maar dus ook bij het grote Milan. Die werd op zaterdagavond in San Siro juist rustiger naarmate het half acht werd. De rest zat dan om kwart over zeven massaal op het schijthuis, maar Ruudje dacht alleen maar: naar buiten, lekker voetballen! Fascinerend.

Ik herinner me nog de eerste keer dat ik met Ruud in de kleedkamer van PSV zat. Huub Stevens was al een halfuur voor de aftrap aan het schreeuwen. Ernie Brandts had zich van de zenuwen opgesloten op de wc. En Hallvar Thoresen en Glenn Hysén zaten elk met een handdoek over hun kop op de bank. Dat heeft Ruud heel even aangekeken, maar daar toen snel een einde aan gemaakt. "Oké, nu gaan we allemaal weer normaal doen," zei hij. "Laat je een beetje masseren, doe desnoods nog een plasje, maar overdrijf niet zo. Ik stoor me eraan als iedereen hier loopt te schreeuwen en te blèren. Laten we liever een lekker muziekje opzetten." Dat hadden die spelers van PSV nog nooit gehoord. Ruud leerde die gasten in Eindhoven te relativeren. Hij was altijd ontspannen, misschien dat wij daarom zo klikten.'

Eén keer in zijn leven was Gullit echt boos op hem. Dat was toen analist Van der Gijp week na week op televisie diens vertrek naar Grozny belachelijk had gemaakt. Hij belde op en legde uit dat zijn financiële situatie hem bijna noodgedwongen richting de verleidelijk ritselende bankbiljetten van het Wilde Oosten had gedreven, en dat hij van zijn voormalig kamergenoot meer begrip had verwacht. 'Jij moet niet met de fanfare meelopen,' zei Gullit toen, 'ik had van jou een originelere mening verwacht.' Die woorden is Van der Gijp nooit meer vergeten.

Daarna werd het een tijdje stil tussen de twee.

Het contact is hersteld, maar zoals heel vroeger wordt het nooit meer. Destijds gedroegen ze zich als een Siamese tweeling. In de jaren tachtig was Van der Gijp niet uit de buurt van Gullit weg te slaan. Niet alleen toen ze samen voetbalden bij PSV en Oranje, maar ook later, toen Gullit eenmaal een wereldster was bij AC Milan. 'Ik kon echt uren naar Ruud kijken. In zijn toptijd had hij alles waar we nu naar zoeken bij een voetballer: inzicht, snelheid, charisma, scorend vermogen, kracht, waanzinnig veel kracht. Die ging niet met zes overstapjes naar de overkant van het veld, maar gewoon in één rechte lijn. Het waanzinnige van Ruud was ook dat je hem overal kon neerzetten, behalve misschien als keeper, en dat-ie dan overal de beste was. De beste spits, de beste rechtsbuiten maar ook de beste laatste man. Heel bijzonder is dat. En Ruud wist dat ook. Ruud vond zichzelf heel goed. En ik genoot daarvan. Je hebt ook bescheiden toppers, hè? Maar dat was Ruud niet.'

René van der Gijp zelf speelde in die jaren ook op hoog niveau: in de bergen van Zwitserland, om precies te zijn. 'In mijn tijd bij Neuchâtel Xamax en later bij FC Aarau, ging ik vaak op bezoek in Milaan. Dan gingen we na de wedstrijd altijd met z'n vieren eten in de stad. Die vrouwen stonden zich dan tussen drie en half acht voor de spiegel op te tutten. Ik kwam aan het einde van de middag terug van de wedstrijd in San Siro en een uurtje later kwam ook Ruud thuis, in zijn AC Milan-clubkostuum. Dan deed-ie die stijve stropdas af en zijn overhemd uit, trok een trui aan en was er klaar voor. Die rare broek hield hij gewoon aan. "Ga je zo?" vroegen de vrouwen dan teleurgesteld, maar dat maakte hem niets uit, hij voelde zich prima in die broek. En dat wij het een beetje een gekke broek vonden, en de rest van de stad misschien ook, dat interesseerde hem geen bal. Ruud was niet vatbaar voor kritiek of verwachtingen van anderen. Ook niet vlak voor een belangrijke wedstrijd. Die kon 's avonds voor 81.000 man moeten spelen in een volgepakt San Siro tegen Real Madrid, en dan 's middags met mij aan een terrastafel zitten alsof er niets aan de had was, alsof hij op het punt stond een potje te gaan tennissen in Vlaardingen.

Na afloop van de wedstrijd was het precies hetzelfde. Ik zat gerust anderhalf uur na de halve finale Europa Cup I met Ruud een pizza te eten in de stad. Dan was hij de rust zelve. De meeste spelers kunnen de hele nacht niet eten of slapen wanneer ze een grote wedstrijd hebben gevoetbald. De adrenaline moet eerst zakken. Maar daar had Ruudje allemaal geen last van, die zat gewoon op zijn gemak te eten, belde na de koffie naar de bewaking van een discotheek, zei dat hij eraan kwam en werd dan naar een afgeschermd gedeelte geleid waar we rustig iets konden drinken en een leuke avond hebben. Dat moet toch een genot zijn, als je zo bent?'

Leeg

-Waarom is het een genot Ruud Gullit te zijn?

'Als je zo'n André Agassi hoort over zijn loopbaan, hè? Dat is gewoon een strafexpeditie geweest. Die man heeft alles gewonnen, net als Ruud, maar er nul plezier aan beleefd. Dan is dit toch veel beter, of niet dan?'

-Ruud Gullit zei anders in een tv-interview met Johan Derksen dat hij privé nog nooit gelukkig is geweest.

'Ja, maar dan denk ik: dan maak je dus al veertig jaar lang de verkeerde keuzes. Maar daar is Ruudje een meester in trouwens. Je ziet het ook aan de mensen die altijd om hem heen hangen, nietszeggende figuren vaak. Daar heb ik me altijd over verbaasd bij Gullit: de leegheid waarmee hij zich omringt.'

-Terwijl hij zelf niet leeg is.

'Helemaal niet. Ruud is niet dom. Hij kan ook heel onderhoudend vertellen. Ik heb een keer met hem en Maarten Spanjer bij Joop Braakhekke gegeten. Was top. Toen heeft hij de hele avond verteld.'

-Waarover?

'Van alles. Best bijzondere dingen. Bijvoorbeeld dat hij na de dood van zijn vader een paar keer per dag naar het mortuarium ging en wat daar dan allemaal was gebeurd, volgens hem. Onverklaarbare dingen. Geestesverschijningen. Dat soort zaken.'

-Geestesverschijningen?

'Hij is daar erg gevoelig voor.'

-Ja?

'Zo! Ik weet nog dat ik in Milaan bij hem thuis was. Opeens begon hij tegen Yvonne, zijn eerste vrouw, te schreeuwen: "Ja! Ik heb haar! In de keuken! Ik heb haar nu in de keuken!"'

-Wie?

'Ja, weet ik veel? Dat wist alleen Ruud. Die was er al maanden van overtuigd dat er iemand bij hen in huis zat. Een onzichtbaar iemand, hè? Althans: onzichtbaar voor mij. Maar kennelijk dus niet voor Ruud. Die sleepte mij en Yvonne mee naar de keuken en wees toen naar een hoek. "Kijk," zei hij, "nu heb ik haar waar ik haar hebben wil."'

-En?

'Ik keek en keek, maar eerlijk gezegd zag ik helemaal niks.'

-Hij is gevoelig voor mystiek.

'Nogal. Toen hij zo geblesseerd was aan zijn knie, ging hij ook heel vaak naar Suriname, om zich daar volgens allerlei oude jungle-rituelen te laten wassen. Wat ik hoorde was dat ze destijds, vlak voor de finale van AC Milan tegen Steaua Boekarest in Barcelona, die knie van hem helemaal hebben volgespoten met cortisone, omdat hij pas een paar weken daarvoor was geopereerd. Hij moest hoe dan ook spelen van de leiding van Milan, terwijl het eigenlijk niet kon. Ik geloof dat hij na die finale drie jaar lang met een dikke en pijnlijke knie heeft rondgelopen. In Suriname hoopte hij daar vanaf te komen. Daar deed hij niet geheimzinnig over. Hij geloofde in die dingen en schaamde er zich niet voor. Hoeft ook niet, vind ik. Dat is het mooie aan Ruud. Die jongen is altijd zichzelf. Hij vond het destijds in zijn keuken in Milaan ook helemaal niet erg dat ik niets zag. "Als je er totaal niet ontvankelijk voor bent, zie je het ook niet," zei hij. "Je moet er wel enigszins voor openstaan." Ik denk wel dat Ruud daar gelijk in heeft.'

Maandag 28 december 2015, 20:34 uur

The Harbour Club, Rotterdam

Vorig jaar werd Sanny ziek, de oudste zoon van René van der Gijp. Na een paar onderzoeken moest Caspertje hem op een namiddag vertellen dat er lymfeklierkanker bij hem was geconstateerd. Sanny was toen 23 jaar.

'Ik schrok me kapot,' zegt Van der Gijp nu aan zijn vaste tafeltje. Hij neemt snel een slok wijn. 'Je weet even niet wat je hoort, hoor. Maar gelukkig was ik alweer vrij snel bij mijn positieven. Dat heb ik altijd wel. Het is moeilijk om uit te leggen hoe dit soort dingen bij mij binnenkomt, heb ik gemerkt, en hoe ik ermee omga. Misschien komt dat omdat ik in het leven altijd alles wel incalculeer.'

Geheel tegen zijn gewoonte in is hij nu een tijdje stil aan tafel. Zelfs wanneer de blonde serveerster in een wolk van parfum voorbijglijdt, ontlokt dat geen reactie.

'Heel veel mensen zeiden tegen mij over Sanny: "goh, 23 jaar, hoe is het mogelijk?" Maar dan dacht ik: ja, alles is mogelijk.'

De meeste steun kreeg hij in die dagen van Casper van

Eijck, in wie hij een torenhoog vertrouwen stelt. Zo hoog zelfs, dat hij zich al die tijd vasthield aan Caspers bevestiging dat alles zeker goed zou komen, terwijl hij dat in werkelijkheid nooit had gezegd.

'Het scheelde veel dat ik Caspertje naast me had. Dat stelde me gerust. Hij zei dat de beste artsen erop zaten, en dat we in Nederland supergoed zijn in het bestrijden van lymfeklierkanker. Caspertje gaf me het gevoel dat het wel goed zou komen. Hij zei: "Dat mannetje gaat zes heel vervelende maanden tegemoet, maar we gaan er alles aan doen om ervoor te zorgen dat hij gewoon door kan met zijn leventje."

Sanny kreeg vijf kuren. Niet fijn hoor, helemaal niet fijn, maar net te behappen. Hij is er betrekkelijk goed doorheen gerold. Wat ikzelf heel vervelend vond, was dat ik het eerder van Caspertje hoorde dan Sanny zelf. Ik wist om elf uur al wat Casper om vier uur tegen Sanny zou gaan zeggen. Ik vond niet dat hij het van mij moest horen dus ik heb mijn mond gehouden, maar toen Sanny me belde met het slechte nieuws wist ik het al.

Klote was dat. Ik vind het knap, wat dat ventje heeft gedaan. Stoere gozer, man. Meen ik echt. Hij heeft het ondergaan. Inmiddels is-ie weer helemaal de oude. Ik merk weinig verschil aan hem. Hij is gewoon weer doorgegaan met waarmee hij bezig was. Dat is ook het beste. Dat probeer ik ook. Verder gaan met leven. Oké, vroeger belde ik hem eens in de twee weken, nu bel ik hem vier keer per dag. Dat is veranderd. Maar dat komt eerlijk gezegd vooral ook doordat we dat inmiddels gewend zijn. Toen hij ziek werd en hij zo'n chemokuur moest ondergaan, had hij liever zijn vriendin bij zich in het ziekenhuis. Dat vond ik natuurlijk prima, maar ik wilde wel graag weten hoe het ging. Dus belden we veel. Nou, en als je eenmaal die gewoonte hebt, dan zou het raar zijn om dat weer te veranderen. Ja, toch? Heel veel meer is het niet.'

Maar later op de avond, bij het laatste glas, onthult hij een veel grotere verandering bij zichzelf. Waar hij voorheen altijd alleen maar vol angst en ontzag over de dood had gesproken, doet hij over hetzelfde onderwerp nu opeens opvallend laconiek, bijna stoer.

'De dood? Die angst daarvoor is nu in één keer weg. Het feit dat zo'n jongetje van 23 jaar er zo mee geconfronteerd kan worden, dat heeft bij mezelf voor een soort berusting gezorgd. Het is heel gek, maar het heeft mijn blik op de dood compleet veranderd. Ik denk: wie ben ik op mijn 54ste om bang te zijn, terwijl die jongen op zijn 23ste zo sterk is geweest? Ik heb mijn eigen einde totaal geaccepteerd. Als ik morgen omval, of van Caspertje te horen krijg dat het einde nadert: niks aan de hand. Ben ik totaal happy. Ik zweer het: ik zou niet eens aan chemotherapie beginnen. Ik zou nog drie keer met jou hier gaan eten, samen een paar flessen wijn leegzuipen en het verder lekker laten gaan allemaal. Zoek het maar uit. Meen ik echt.

Met Caspertje kan ik goed over dit soort dingen praten. Hij heeft de hele dag met de dood te maken. Hij zei laatst: "De manier waarop mensen sterven, is vaak in overeenstemming met de manier waarop ze hebben geleefd." Dat vond ik wel interessant om over na te denken. "Je hebt strijders en je hebt mensen die hun lot accepteren," zei hij. "Bij de laatste groep kun je meemaken dat ze een halfuur voor hun dood nog lachend op bed zitten, terwijl de andere groep vecht om er nog een extra halfuur uit te persen. Maar ik zou jou nooit aan zware chemo's hangen, omdat ik weet dat alles wat jij in het leven belangrijk vindt, er dan totaal niet meer in zit. Dan is het nog maar één ding: ziek zijn. Meer niet. Dat heeft geen zin." En daar ben ik het heel erg mee eens.'

Geheel tegen zijn natuur is er plotseling een zeldzame verbetenheid in zijn stem geslopen. Hij klinkt anders dan normaal.

'Alles is opeens veranderd voor mij, jongen. Vroeger was ik bijvoorbeeld altijd bang dat ik iets had. Dat is ook helemaal weg. Bang zijn voor dat soort dingen? Daar begin ik niet meer aan. Bekijk het lekker zeg, met je dood.'

Een grote slok wijn.

'Zoek het lekker uit.'

Truc

-Vind je het erg om ouder te worden?

'Nou, ik verheug me er niet op, nee. Het leven wordt natuurlijk een steeds ongemakkelijkere expeditie. Ik vind het over het algemeen ook een hele kunst, dat ouder worden. En dat geldt misschien voor ex-voetballers nog extra.'

-Hoezo?

'Nou kijk, 95 procent van de voetballers heeft op zijn 35ste het spannendste en beste van zijn leven achter de rug. Wat dat betreft is het een rare bedrijfstak. Het creëert mensen die al op heel jonge leeftijd worden blootgesteld aan te veel aandacht, te veel complimenten, te veel druk en te veel geld. Normale mensen beginnen na hun school te werken, meestal onderaan de ladder, worden steeds beter en beginnen dan gaandeweg hun leven steeds meer geld te verdienen. Tegen de tijd dat ze 55 jaar zijn, hebben ze het met wat geluk financieel een beetje op de rit. Maar bij voetballers is het andersom. Wat zij op hun 55ste meemaken en verdienen staat altijd in schril contrast met hun jeugdjaren. Dat maakt het allemaal zo ingewikkeld.'

-Wat nog meer?

'O, zoveel. Je moet niet vergeten dat de voetbalwereld een

kleine wereld is, waardoor er ook maar weinig mensen zijn met wie je je ervaringen kunt delen. Het is net als het werk in de televisiewereld. Ook dat is zó specifiek, dat het geen goed gespreksonderwerp is op verjaardagen, want niemand weet precies waar je het over hebt. Dat zorgt ervoor dat de eenzaamheid snel op de loer ligt.'

-En fysiek?

'Tot nu toe valt het bij mij wel mee, maar ik begin natuurlijk op een leeftijd te komen dat het bij veel oud-voetballers een beetje gaat kraken en piepen. Ik zie het om me heen ook. Vijftien jaar iets meer dan gemiddeld van je lijfje vragen, dat begint zich nu te wreken. Kieft pijn in z'n knie, Ruud geopereerd aan zijn rug, Boskamp had allang een plastic knie natuurlijk, Cruijff dood, Van Hanegem problemen met zijn longen... Nee, het is niks, dat ouder worden. Bah.'

Woensdag 27 januari 2016, 20:34 uur

Café De Bommel, Breda

Het regent hard in Breda. Staand op het bescheiden podium van Café De Bommel laat Ruud Gullit zijn blik over het drijfnatte publiek glijden. 'Nou,' zegt hij, 'ik moet wel zeggen dat het negergehalte hier vrij laag is.'

Hij overdrijft niet. Onder de mensen die speciaal voor hem hier naartoe zijn gekomen, ontdekt hij welgeteld één ander donker gezicht. Pierre van Hooijdonk. Die staat waar hij wel vaker staat: aan de bar, ingeklemd tussen honderden andere voetballiefhebbers. Allemaal zijn ze afgekomen op een nieuwe editie van Bier en Ballen, een mengeling van een talkshow en een voorleesavond over voetbal, die traditiegetrouw al in de voorverkoop binnen een minuut of tien stijf is uitverkocht.

Gullit is hier nog nooit geweest, maar Van Hooijdonk weet er blind de weg. Dit is zijn stamkroeg. Hij kent hier iedereen en iedereen kent hem, behalve dan misschien met carnaval, wanneer hij verkleed als straatveger of piraat aan de toog hangt. Dat is de enige keer dat hij anoniem kan zijn, want dit is authentiek NAC-terrein. Vandaar ook dat er al vroeg op de avond zo'n walm van bier uit de massa opstijgt, want er is geen club in Nederland waarvan de geschiedenis zo is doordrenkt met de geur van gist en hop als die van de Noad Advendo Combinatie uit Breda.

Misschien komt het doordat NAC ooit werd opgericht in een café, maar in het labyrint rond de Grote Kerk stikt het nog steeds van de typische NAC-kroegen. Je hebt Café 't Paviljoen, met z'n ingelijste shirtjes aan de muur. Je hebt 't Stammeneke, waar je na de wedstrijd nog weleens een verdwaalde speler aan de bar kunt treffen, en De Markthoek, voor de wat oudere en chiquere supporter die nog even wil mijmeren over de sfeer in het gesloopte stadion aan de Beatrixstraat, de meest Britse voetbalplek van Nederland, waarover in deze kringen inmiddels wordt gesproken zoals oude Rotterdammers kunnen praten over de platgebombardeerde binnenstad: met een mengeling van weemoed en woede dat zoiets verdwenen is, maar ook trots dat ze het in elk geval gekend hebben.

En je hebt dus Café De Bommel, waar eerder op de avond, om iets voor half negen, tot ieders verbazing plotseling Ruud Gullit over de drempel stapt. Hij is vanavond de mystery guest.

Het is altijd een mooi gezicht om te zien welk effect zijn komst op mensen heeft, vooral op veertigers. De meesten schrikken zich in eerste instantie een ongeluk. Voor hen is het alsof een Panini-plaatje plotseling tot leven is gekomen. Vrouwen slaan hun hand voor de mond, mannen staren hem eerst alleen maar aan. Dan, meestal na een paar seconden, beginnen de vrouwen te lachen, de mannen te juichen, en wordt Gullit op de schouders geslagen, gefotografeerd, geaaid, beklopt en bevoeld, voordat zich uiteindelijk een bijna Bijbels tafereel ontvouwt: de grootste kerels beginnen te schreeuwen en elkaar weg te duwen, er wordt een pad gevormd en zo schrijdt Gullit als Mozes door de Rode Zee richting podium.

Niemand hier weet het nog, maar een paar meter verderop – in restaurant Bali – zit nóg een ex-international. Het is René van der Gijp. Hij heeft samen met een vriendin plaatsgenomen achter een bescheiden rijsttafel. Geheel tegen zijn gewoonte heeft hij om zes uur de vertrouwde omgeving van zijn huiskamer verlaten en is naar Breda getrokken, speciaal om zijn oude vriend Gullit weer eens te zien en te spreken.

Maar voorlopig zit Van der Gijp nog achter de kipsaté als Gullit al op het bloedhete podium heeft plaatsgenomen, waar hij als altijd totaal ontspannen wacht op de dingen die komen gaan.

De avond wordt gepresenteerd door KNVB-voorlichter Chris van Nijnatten en *AD*-journalist Sjoerd Mossou, die voor de gelegenheid een zwart petje draagt en een retroshirt van Flamengo heeft aangetrokken. Ze zijn trots op hun mystery guest en voorzien hem van een ronkende inleiding. Daarin valt ook de term 'Zwarte Tulp'. 'Nou, dat is lang geleden hoor,' zegt Gullit, die onlangs nog op de voorpagina van *De Telegraaf* had kunnen lezen hoe zijn Italiaanse ex-vrouw zijn BMW in Amsterdam vanwege achterstallige alimentatie had laten wegslepen. Hij lacht breeduit. 'De Zwarte Tulp, dat is meer een bijnaam uit mijn spelerstijd in Italië. Tegenwoordig sta ik beter bekend als Het Zwarte Pinapparaat.'

Er wordt gejuicht en gejoeld om zoveel zelfspot. Daarna wordt de mystery guest verzocht zich te draaien naar het scherm achter hem en commentaar te leveren bij allerlei foto's die daar worden geprojecteerd.

Klik

Een foto van zijn presentatie bij PSV.

Gullit: 'PSV was een geweldige tijd voor mij. Een warm bad. Ik woonde vlak bij Eindhoven. Daar had ik bewust voor gekozen. Bij Feyenoord had ik het verkeerd gedaan. Toen ik daar kwam spelen, ging ik in Oud-Beijerland wonen, in zo'n doorzonwoning. Heel dom van mij. Er was daar een fabriek en verder niks. Ik werd helemaal gek. Ik kan er niet tegen als je bij het wakker worden de vogeltjes hoort fluiten. Ik wil geen vogeltjes. Ik wil de tram horen, en fietsers en auto's en pratende mensen. Ik ben een jongen van de stad.'

Klik

Een foto van Gullit als jeugdspeler.

'Dit is bij DWS. Rond die tijd werd ik uitgenodigd voor het Amsterdams jeugdelftal. Toen kwam ik voor het eerst in aanraking met leeftijdsgenootjes die bij Ajax speelden. Van die parmantige mannetjes, bij wie de haartjes altijd precies goed zaten. Toen merkte ik al snel dat ik kon meekomen op hun niveau. In Amsterdam bestaat het misverstand dat ik een hekel heb aan Ajax. Dat is onzin. Ik had er best willen spelen. Er is ook interesse geweest, al heel vroeg. Ik was toen een jaar of veertien. Ik nodigde die mensen van Ajax uit bij mij thuis te komen praten, met mijn ouders erbij, maar dat deden ze niet. Ik moest maar naar Ajax komen, zeiden ze. Naar mijn huis komen, daar konden ze niet aan beginnen. Sorry, maar dat vond ik gek. De omgekeerde wereld. Zij wilden toch iets van mij? Toen heb ik gezegd: laat dan maar zitten. Als het zo gaat, hoeft het voor mij niet. Anders had ik misschien mijn hele loopbaan in Nederland bij Ajax gespeeld.'

Klik
Een foto van Gullit en Frank Rijkaard, als jeugdspelers van DWS. 'Ik heb Frank als scholier leren kennen bij de tramhalte. Best gek, als je dan bedenkt dat we later samen in het shirt van Milan met een Europa Cup in onze hand staan. Hij speelde toen nog bij Blauw-Wit. Ik heb hem overgehaald naar DWS te komen. Kijk ons daar staan. We zijn groter dan onze leider. We hebben elkaar laatst weer even gezien, samen met Marco van Basten. Dat gebeurt bijna nooit. Het was voor een commerciële klus. We waren even aan het harken, zal ik maar zeggen. Ja, dat moet ook gebeuren. Als zwart pinapparaat moet je pakken wat je pakken kunt.'

De avond is nog jong, maar Gullit heeft al gedaan wat hij vroeger als voetballer ook al zo goed kon: het publiek betoverd. Ze eten uit zijn hand. De enige keer dat de concentratie in de zaal een ogenblik wordt verstoord, is wanneer Van der Gijp en zijn blonde reisgenote hun entree maken.

Bekend

-Is het eigenlijk leuk om bekend te zijn?

'Jawel hoor. Maar het heeft ook gevaarlijke kanten. Het daagt uit tot zelfoverschatting. Dat hou je niet tegen. Gebeurt bij iedereen die te veel aandacht krijgt. Laat staan wanneer je tegenwoordig voetballer bent.'

-Hoezo?

'Als jij bij Ajax speelt, je wint de Europa Cup 1 en de Wereldbeker en je loopt daarna een paar keer het Leidseplein op, dan ga je vroeg of laat geloven dat je Jezus in eigen persoon bent. Dat komt doordat de mensen om je heen je nu eenmaal zo behandelen. Het is onvermijdelijk dat je er vroeg of laat door wordt beïnvloed.'

-Bekend zijn is moeilijk?

'Ja.'

-Maar daarna niet meer bekend zijn, is misschien nog moeilijker.

'Tuurlijk. Geldt voor heel veel mensen in de sport. Daarom zie je ook dat Gert Jakobs de Ronde van Rosmalen afschiet. Dat doet-ie in de hoop nog een glimp op te vangen van de sensatie die het is om een wielrenner te zijn. Maar het afschieten van het startpistool is niet hetzelfde als drie weken lang meefietsen in de Tour de France. Daardoor krijgt het al snel iets tragisch. Als je Roelof Luinge hoort praten over de tijd dat hij zelf nog floot, dan hoor je welke impact het op zijn leven heeft gehad.'

-Niet iedereen is zo, toch?

'Wim Kieft is niet zo. Ikzelf ben trouwens ook niet zo, volgens mij. Dat komt doordat wij ook na onze voetbaljaren nog een carrière hebben gehad, en af en toe ook wat aandacht en schouderklopjes kregen. Dat is lekker.'

-Waarom?

'Dan stopt het in elk geval niet abrupt.'

-Zijn schouderklopjes belangrijk?

'Natuurlijk. Het werk dat ik doe op tv, doe je in principe voor anderen, namelijk het kijkerspubliek. Dan is het leuk wanneer die anderen laten blijken dat ze het waarderen. Ik zie eigenlijk elk fotootje dat op straat van mij wordt genomen als een bevestiging van dat ik het kennelijk best grappig doe. Met elke selfie ben ik blij. Ik weet zelf ook wel dat het nergens over gaat en dat ik niet bezig ben de oorlog in het Midden-Oosten tot een goed einde te brengen, maar ik geef sommige mensen thuis wel een goed gevoel. En daar krijg ik zelf dan weer een goed gevoel van. Zo werkt het. Het is ook beter dan achter de geraniums zitten. Dan krijg je snel de neiging het verleden te romantiseren. En dat moet je niet doen.'

-Waarom eigenlijk niet?

'Er is niets zo tragisch als in het spelershome van PSV bij Willy van der Kuijlen en zo te gaan staan, want daar gaat het altijd over vroeger. En de verhalen worden ook steeds gekker. Dat merk ik zelf al. Ik heb er in mijn PSV-tijd misschien vijf een beurt gegeven, maar in de verhalen zijn het er inmiddels al vijfduizend. Allemaal gelul. Er doen over mij in Eindhoven en omstreken de meest waanzinnige anekdotes de ronde. Dat ik als rechtsbuiten de auto van Hiddink jatte en er dan half Brabant mee afreed om meisjes te ontmaagden. Dat is helemaal niet waar. Nooit gebeurd.'

-Het is voor een ex-voetballer nog een hele kunst, dat ouder worden.

'Zeker weten. Weet je wie het goed heeft begrepen? Rinus Israël. Daar kan ik zo van genieten, als ik die man met zijn kleinkinderen bezig zie. Dat vind ik heel knap, meen ik echt. Hij snapt dat je als oud-voetballer je lol ergens anders uit moet zien te putten. Zijn bestaan is niet tot stilstand gekomen op de dag dat hij de eerste Nederlander werd met een Europa Cup I en een Wereldbeker in zijn handen. Hij is gelukkig, omdat hij verder is gegaan met leven. Dat is de hele truc, jongen. Verder gaan met leven.'

Woensdag 27 januari 2016, 20:56 uur

Café De Bommel, Breda

De eerste serie Gullit-foto's wordt onderbroken. Het is pauze in Breda. Dat is hier gebruikelijk. Dit publiek is desnoods bereid tot ver na het weekend te blijven luisteren, zolang er maar regelmatig drinkpauzes zijn. Grote bladen bier worden als kampioensschalen over de hoofden getild. Zelf blijft Gullit in zijn witte T-shirt op het podium zitten. Daardoor blijven sommige toeschouwers ook op hun plek. Zelfs wanneer hij niets zegt en vrijwel roerloos op zijn stoel hangt, raken ze niet op hem uitgekeken.

Helemaal achter in de zaak staat René van der Gijp met een glas bier aan de bar, omringd door aanbidders in exotische voetbalshirts. Het is nogal een overgang van een doodstille huiskamer naar een bomvol café vol natgeregende bierdrinkers, maar hij lijkt zich ondanks de plotselinge overdaad aan prikkels te vermaken. Hard klapt hij mee met de rest van het café, als Gullit even later weer wordt verzocht op te staan om nog een serie foto's van tekst en uitleg te voorzien.

Klik

Een foto van Gullit, Kieft, Rijkaard op Schiphol, samen met bondscoach Kees Rijvers.

'Dit was voor onze eerste interland. Kijk naar dat kleine stropdasje van Frank. We hadden een paar dagen eerder ons clubkostuum opgestuurd gekregen, maar de KNVB was onze schoenen vergeten. Daarom dragen we die gympies onder ons pak. We speelden in Bern, in de regen. Ik mocht in de tweede helft invallen, voor Frank. Niemand had volgens mij door dat ik Frank niet was. We droegen nog geen namen op onze rug.'

Klik

Een foto van Ruud Gullit en een grijnzende Ronald Koeman in het Oranje-shirt.

Gullit: 'Kijk, Duo Penotti. Dit is een foto voor de een of andere sponsor. Croky chips of zo. De commercie in het voetbal stelde toen nog niets voor. Toen we naar het WK in Italië gingen, kregen we van sponsor KPN een bon waarmee je voor honderd gulden kon telefoneren. Dan moest je eerst een centrale in België bellen. Daarna werd je doorverbonden. Als je dat twee keer had gedaan, was het beltegoed op. Wij waren bij het Nederlands Elftal allemaal jaloers op de Italianen. Die hadden al een mobiele telefoon van Motorola. Wij hadden alleen die bon.'

Klik

Een foto van Ruud Gullit naast een grote kaas.

'Dit kan ik me niet meer herinneren. Ik heb zoveel van die reclamefoto's gemaakt. Kaas, Auto Bianchi, M&M's, Pizza Hut, ik heb het allemaal gehad. Niet echt leuk, maar het betaalde goed. Ik ben het meeste wel weer kwijt, maar het betaalde goed.'

Weer pauze. Achter de toog beginnen de bierpompen als vanzelf te stromen. Gullit blijft onverstoorbaar op zijn stoel zitten transpireren. Af en toe neemt hij een slokje van zijn Spa Rood. Dan wordt hij op zijn schouder getikt. Wanneer hij zich omdraait, kijkt hij recht in het breed grijnzende gezicht van René van der Gijp, die zich door de mensenmassa naar voren heeft gewurmd.

'Ruudje!'

'Zo Gijp. Stuk ellende dat je er bent.'

'Hoe is-tie, ouwe pik? Drinken we straks nog iets?'

'Is goed, Gijpie.'

Daarna verdwijnt Van der Gijp weer in de massa. Gullit kijkt hem vanaf het podium grijnzend na. 'Kijk 'm gaan, die Gijpie... Wat een figuur. Hij was een goede voetballer hoor, vergis je niet. Bij PSV heeft hij een paar topseizoenen gehad. Ik volg hem nog steeds op tv. Ik kijk niet elke uitzending van *Voetbal Inside*, maar wel regelmatig. Ik vind het een goed programma, al heb ik meestal aan een halfuurtje genoeg. Ik zie natuurlijk heel goed wat er daar aan die tafel allemaal gebeurt, want ik ken die mannen stuk voor stuk. Gijpie helemaal. Daarom moet ik altijd wel om hem lachen. De Gijp die ik daar zo uitbundig hoor ratelen, is toch niet helemaal de Gijp die ik van

vroeger ken. Dat zal de invloed van televisie wel zijn. Vroeg of laat ga je er toch een beetje zelf in geloven. Maar bij mij hoeft-ie niet te proberen zich anders voor te doen dan hij is. Dat weet-ie ook. Bij mij moet-ie niet aankomen met die show van 'm. Dat werkt niet. Daarvoor ken ik hem veel te goed. Wat is het hier trouwens warm, hè? Denk je dat het nog lang duurt?'
Daarna pakt hij zijn telefoon, checkt zijn berichten en de uitslagen in de buitenlandse competities en maakt een paar foto's voor zijn Twitter-, Instagram- en Facebook-pagina. Diep in zijn hart zou Gullit nu het liefst naar huis gaan, maar dat mag niet. Eerst nog een paar foto's.

Klik
Foto van Ruud Gullit naast Maradona.
'Hij was geweldig, Diego. De allerbeste. Echt een heel lieve man. Ik had veel bewondering voor hem. En ik moest ook om hem lachen. Toen ik wereldvoetballer van het jaar was geworden, speelden we een week later met AC Milan tegen Napoli uit. Ben ik in de spelerstunnel naar hem toegegaan en heb hem gezegd dat er voor mij maar één de allerbeste voetballer ter wereld was: hij. En dat ik nog nooit iemand had gezien die zoveel controle en leiderschap had. Toen was het ijs gelijk gebroken. Maar ik meende het ook. Hij was fenomenaal. Op Facebook heb ik filmpjes van hem gepost. Als je dan ziet hoe hoog hij moest springen om te overleven, dan denk ik: met de bescherming die spelers nu hebben, was hij nog veel beter geworden. Diego heeft ook vaak genoeg doorgespeeld met heel

zware blessures. Alleen daarom al heb ik veel respect voor hem, want in die tijd, vooral in Italië, probeerden ze je echt te blesseren. Bergomi, Vierchowod, dat waren allemaal geen lieve jongens hoor, die loerden constant op de kans jou een elleboog in je snoetje te plaatsen. In onze tijd moest je echt opletten. Vraag maar aan Gascoigne. Die had effe niet in de gaten wat Jan Wouters van plan was. Pats, gebroken jukbeen. Ja, je moest op alles voorbereid zijn, anders kon je een maand met een rietje eten. In Italië gebruikten ze ook echt smerige trucs. Ze stonden constant op je tenen, of ze hadden een lik tijgerbalsem op hun pols gedaan, die ze dan op een onbewaakt ogenblik in je ogen smeerden. Zag je gewoon een hele tijd niets. Dat hoorde er allemaal bij. En Maradona werd van iedereen het hardst aangepakt. Maar dan nóg was hij de aller-, allerbeste.'

Klik

Een foto van Ruud Gullit op Stamford Bridge.

'Chelsea was een keerpunt in mijn leven. Eigenlijk was dat een ideale club voor mij. Acht jaar lang had ik in Italië in de schijnwerpers gestaan. Dat heeft best veel impact, want Italianen zijn heel gepassioneerd in het vereren van hun idolen. Ze willen je niet alleen bewonderen, ze willen je ook daadwerkelijk zeggen hoe gek ze op je zijn, ze willen je aanraken, kussen, alles. Heel bijzonder, maar op een gegeven moment heb je ook behoefte aan privacy. Die vond ik gek genoeg in Londen. Tot mijn verbazing kon ik gewoon de stad in, zonder dat er drommen mensen om me heen liepen. Zo zijn Britten niet. Ze bewonderen op afstand. Ik herinner me nog een heerlijke middag. Ik zat op een terras in de buurt van Kings Road en werd door iedereen met rust gelaten. Dat was al heel lang niet gebeurd. Een verademing. Plotseling realiseerde ik me waarom ik me zo lekker voelde: het was voor het eerst dat ik naar de mensen op straat kon kijken, in plaats van andersom. Daardoor was Engeland eigenlijk mijn leukste tijd. In Italië was je het ene trainingskamp nog niet uit, of je moest het volgende alweer in. Daar deden ze in Engeland niet aan. We trainden vaak maar één keer per dag, hadden regelmatig vrij... Ik wist niet wat ik meemaakte. Ik kon gewoon naar de bioscoop gaan. Dat had ik in Italië al jaren niet gedaan.'

Klik

Foto van Gullit als reggaezanger.

'Tsja. Er zijn weleens momenten in je leven dat je denkt dat je alles kan. Ik kan jullie vertellen: dat is niet zo. Maar dat wist ik destijds nog niet. Ik had zelfs het lef om live in een zaal te gaan zingen. Als ik eraan denk, krijg ik wéér kromme tenen. Het ergste was bij *Nederland Muziekland*, een tv-programma dat in Den Helder werd opgenomen. Daar moest ik toen playbacken. Maar ik kan helemaal niet playbacken. Het werd helemaal niks, maar toch stond ik er. Ik geloofde in mezelf, want aan zelfvertrouwen heb ik nooit gebrek gehad.'

Humor

-Als je vroeger op stap ging met Gullit, waren Van Basten en Rijkaard daar dan ook weleens bij?

'Nee joh. Die drie van Milaan zagen elkaar nooit privé. Die waren net als Johan Derksen, Wilfred Genee en ik. Ze werkten goed samen, maar hadden verder niets met elkaar. Ruud misschien nog wel een heel klein beetje met Rijkaard, omdat ze elkaar al uit hun jeugd kenden. Bij Oranje sliep ik met Ruud op de kamer en gingen we altijd 's nachts bij Rijkaard en Menzo kaarten. Dan zagen die twee elkaar. Maar met Marco was er helemaal geen contact.'

-Was het leuk om met Ruud Gullit op stap te gaan?

'Tuurlijk wel. Het is een blije gozer. Altijd vrolijk, wat er ook gebeurt.'

-Heeft hij humor?

'Mwah. Hij kan vooral genieten als iemand anders iets grappigs of iets geks doet. Het leuke is: Ruud was zo relaxed dat je ook in het veld met hem kon lachen.'

-Hoe dan?

'Als ik eens van buiten de zestienmeter op doel schoot en die bal belandde op P1, dan kwam-ie naast me lopen en zei alleen maar: "Misschien moet je een keer van afstand proberen te schieten, Gijp." Ik weet ook nog dat er bij Oranje achttien selectiespelers waren: zestien man van Ajax en twee PSV'ers: Gullit en ik. Die Ajacieden hadden hun eigen warming-up. Dat kwam toen net in, met allemaal van die ingewikkelde pasjes en oefeningen. Ik zeg tegen Ruud: daar ga ik niet aan meedoen, aan die gekkigheid. Ik word al moe als ik er naar kijk. Laten wij maar gewoon een balletje overtikken. Beetje rommelen, beetje rekken, zoals altijd. Dat soort dingen vond hij altijd wel mooi. Deed-ie lekker mee. Was ook een leuk gezicht voor het publiek: veertien van die zwetende Ajax-klanten die zich vreselijk liepen uit te sloven. En dan twee man die ter hoogte van de cornervlag niet meer bijkwamen van het lachen: Ruud en ik.'

Woensdag 27 januari 2016, 23:51 uur

Café De Bommel, Breda

Op het podium van Café De Bommel is het inmiddels warmer dan in Equatoriaal-Guinea. Aan de bar is net iemand in een retro AC Milan-shirt van zijn kruk gegleden. Er zit nu een donkere veeg op zijn borst, precies over het woord Mediolanum.

Vlak voor de afsluiting van de avond gaat het plotseling over politiek. De naam Nelson Mandela valt. Meer heeft Ruud Gullit niet nodig om zijn geheugen aan het werk te zetten. 'Toen ik in 1989 werd uitgeroepen tot wereldvoetballer van het jaar, besloot ik spontaan die Gouden Bal aan hem op te dragen. Mandela zat toen nog gevangen. Ik heb daar nooit lang over nagedacht, ik deed gewoon wat mijn gevoel me op dat moment ingaf. Voor mij was het ook niet zo ongewoon om dat te doen. Ik zat in de reggaehoek. Daar werd veel gesproken over vrijheid, over het ANC, Steve Biko, Nelson Mandela. Ik ben ook heel vaak bij de anti-apartheidspartij in Hilversum geweest. Maar in Italië sloeg mijn gebaar in als een bom. Ze wisten helemaal niet wie Mandela was. De apartheid in Zuid-Afrika was helemaal niet zo'n thema als bij ons in Nederland, waar toch een soort wroeging bestaat over ons verleden daar. Maar dat een voetballer zich over politiek uitliet, dat hadden ze nog nooit meegemaakt.

Ik voel me bevoorrecht dat ik Mandela regelmatig heb mogen ontmoeten. Ik herinner me een keer in Zuid-Afrika toen ik daar tot Ridder werd benoemd, waar ik trouwens heel trots op ben. Ik vergeet het nooit meer, omdat Mandela toen tegen mij zei: "Nu ik uit de gevangenis ben, heb ik heel veel vrienden. Maar toen ik er nog in zat, was dat heel anders. Toen was jij een van mijn weinige vrienden." Daar kreeg ik kippenvel van. Nu nog. Ik ben pas veel later gaan beseffen wat het allemaal betekend heeft. Ik was een keer met de oud-internationals op Robben Eiland. Ik sprak er met voormalige medegevangenen van Mandela. Die vertelden me wat er was gebeurd, toen ze hoorden dat ik mijn prijs aan hem had opgedragen. Een groot gejuich, in alle cellen. Voor hen was het ongelooflijk. Ze waren ook bang dat de prijs me zou worden afgenomen. Achteraf bezien heeft dat gebaar van mij veel meer effect gehad dan dat ik toen ooit besefte.'

Een jaar later won Marco van Basten de Gouden Bal. Ook hij droeg hem aan iemand op, maar dan aan Silvio Berlusconi. Dat zorgt voor gelach in Breda.

'Maar het beeld dat we nu van Berlusconi hebben komt niet overeen met hoe ik hem destijds heb leren kennen,' zegt Gullit ter verdediging van Van Basten en de ex-president van Italië en voorzitter van AC Milan. 'Ik herinner me hem als een van de beste en meest succesvolle bestuurders die ik ooit heb meegemaakt. Hij heeft een enorm goede invloed op de club gehad. Milanello, ons trainingscomplex, was de hemel voor een voetballer. Er hing een aparte sfeer. Gastvrij, maar ook gesloten. Professioneel. Er lekte ook nooit iets uit bij Milan. Zoals bij elke club werd er ook bij ons zat gevochten in de kleedkamer, maar het nieuws kwam nooit voorbij het hek.

De komst van drie Nederlanders heeft wel wat veranderd. Toen Marco, Frank en ik daar een tijdje rondliepen, kreeg dat effect op de gang van zaken. Kijk, Italianen nemen het voetbal heel serieus. Tijdens het eten werd er bijvoorbeeld niet gesproken. Maar ik ben een babbelaar, dus ik ging gewoon praten, ook al was het in eerste instantie in gebroken Italiaans. Dat vonden ze al gek. Daarna nodigde ik mijn vrienden uit. Een man of acht uit Amsterdam. Ze kregen bij de poort allemaal een badge en het verzoek om op de paden te blijven. Dat lukte natuurlijk niet. Niet bij Nederlanders. Ik zag ze tijdens de training al met een bankje slepen. Dat waren ze onderweg langs het pad tegengekomen en gingen ze achter het doel zetten, zodat ze tenminste wel lekker in het zonnetje zaten. Ballen die naast werden geschoten trapten ze niet gelijk terug, nee, die gingen ze eerst hooghouden en er daarna mee dribbelen. Op een gegeven moment waren ze op de sintelbaan onderling sprintwedstrijdjes aan het doen. Ik dacht dat die trainer van ons gek werd.

Later heb ik er met de psycholoog van Milan over gesproken. Hij zei dat dit soort voorvallen achteraf heel goed zijn geweest voor de club. Hij was ervan overtuigd dat wij Nederlanders met ons gedrag een soort losheid hadden gebracht waar ze op dat moment in Milaan behoefte aan hadden. "Jullie deden wat er in je opkwam," zei die man. "Dat was heel verfrissend. Milan was te serieus aan het worden, dat begon spelers te remmen. Jullie braken dat open met je vrije gedrag."

Voor ons was het allemaal normaal, maar die Italianen vonden de Nederlanders onbegrijpelijk laconiek. Ik herinner me de ochtend van de Europa Cup-wedstrijd tegen Real Madrid. Ik sliep altijd met Carlo Ancelotti op een kamer. Toen ik wakker werd, stond hij met grote ogen en dikke wallen aan het voeteneinde van mijn bed. Helemaal opgewonden. "Hoe kan jij nou slapen?", schreeuwde hij. "Hoe is dat nou mogelijk? We spelen vanavond tegen Real Madrid! Ma-drid! Geen oog heb ik dichtgedaan. En ik heb jou de hele nacht zien dromen! Als een baby'tje lag je te snurken! Hoe kan dat?"

Ik was net wakker, dus ik zei: "Maak je niet zo druk, jongen. We zijn veel beter dan Madrid." En het mooie is: dat was ook zo.

Wij hadden toen een wereldelftal. Dat team had altijd honger, of we nu tegen Empoli speelden of tegen Real Madrid, dat maakte niets uit. Daarom voelde ik me altijd op mijn gemak voor een wedstrijd. Ik had niks met dat nerveuze gedoe. En daar moesten ze in het begin een beetje aan wennen. Ook Arrigo Sacchi, onze coach. Die had bijvoorbeeld de gewoonte om heel veel in de kleedkamer te komen. Ook na afloop bleef hij hangen. En als we dan gingen douchen, keek hij altijd om het hoekje en begon dan flauwe grappen te maken over onze verschillende lengtes.

We staan op een gegeven moment weer onder de douche, Baresi, Maldini, Tassotti, Donadoni en ik. Weer die kop van Sacchi om de hoek, weer die flauwe grappen. Ik zeg: "Trainer, er was in Amsterdam ooit een man met een lul van een meter lang, wist u dat? Maar hij kon er helemaal niets mee, met dat enorme apparaat, behalve plassen. Hij had 'm om z'n middel geknoopt en was diep ongelukkig. Uiteindelijk besluit hij naar een plastisch chirurg te gaan. Hij rolt 'm uit en zegt: kunt u mij helpen? Natuurlijk, zegt die chirurg, geen probleem, we halen er gewoon 75 centimeter vanaf. Twee maanden later komt die man terug en mag het verband eraf. Alles is oké. Hij rijdt rechtstreeks naar De Wallen, gaat daar vreselijk tekeer, koopt een paar flessen champagne en rijdt terug naar de chirurg om het te vieren. Als ze allebei helemaal dronken zijn, vraagt hij: 'Zeg dok, nog één ding: wat heeft u eigenlijk met dat overgebleven stuk van 75 centimeter gedaan? Zegt die chirurg: "O, daar hebben we een klein pruikje voor gekocht en die hebben we trainer van AC Milan gemaakt."
Toen had je die Italiaanse koppen moeten zien.
Die Baresi en die andere jongens!
Allemaal keken ze van: heeft die Hollander dat nou écht gezegd? Tegen de trainer?
Daarna heb ik Sacchi een tijdje niet meer in de buurt van de douches gezien.'

In Breda komt de zaal niet meer bij van het lachen. Dit is een passend slot van de avond. De organisatoren beginnen het publiek al te bedanken, maar dan pakt Ruud Gullit de microfoon. 'Zeg, wat vonden jullie nou eigenlijk van die oerwoudgeluiden laatst?'

Hij refereert aan de wedstrijd ADO Den Haag-Ajax van een paar weken eerder, toen een deel van de Haagse fans oerwoudgeluiden maakte richting Ajacied Bazoer. Het had op de voorpagina's van alle kranten gestaan en de tafels van vrijwel alle talkshows bereikt. Ook in *Voetbal Inside* was het voorval uit en te na besproken, waarbij Van der Gijp er net als de rest schande van sprak, maar ook aantekende dat het volgens hem eerder een walgelijk intimidatiemiddel was dan een uiting van puur racisme. Hij laadde daarmee onbedoeld de verdenking op zich dat hij iets aan het recht praten was. En kennelijk was dat Ruud Gullit in het verkeerde keelgat geschoten.

'Waar is Gijpie eigenlijk?', zegt hij opeens het podium. 'Gijpie is hier toch? Hij riep laatst allemaal rare dingen op tv. Waar is-ie nou? Is Gijpie er nog?'

De zaal begint eerst te zoemen en daarna te joelen. Van helemaal achter in de zaak komt Van der Gijp nu aangesjokt. Het is niet helemaal duidelijk of dit geheel vrijwillig gebeurt. Onderweg naar het podium wordt hij op de schouders geslagen. Even is hij net een bokser op weg naar de ring.

'Vecht het maar op het podium uit,' zegt Mossou.

'We zijn in de verlenging beland,' zegt Van Nijnatten.

Dan neemt Gullit het woord.

Gullit: 'Dat was niet goed, Gijpie, wat je zei op tv.'

Van der Gijp: 'Tuurlijk wel, joh.'

Gullit: 'Nee Gijpie, echt niet. Jij zei: ze willen alleen intimideren. Nee, Gijp, dat is niet zo.

Van der Gijp: 'Honderd procent, ouwe reus.'

Gullit: 'Nee Gijpie, je vergist je. Je moet daar niet zo luchtig over doen. Dat moet je niet doen. Daarmee bagatelliseer jij het. Maar je moet het serieus nemen.'

Van der Gijp: 'Ja maar, Ruud... '

Gullit: 'Nee, wacht nou effe Gijp: je moet niet alles weglachen. We zijn in een moeilijke tijd gekomen, met z'n allen.'

Van der Gijp: 'Ruud... '

Gullit: 'Een moeilijke tijd Gijpie, voor iedereen. We worden weer intolerant voor een paar dingen. Het is echt niet makkelijk, maar we moeten het toch met elkaar doen. En dan moet je niet alles weglachen, zoals jij doet.'

Van der Gijp: 'Ruudje, Ruudje... '

Gullit: 'Het is niet makkelijk, met al die vluchtelingen en zo. Ik denk dat niemand dat wil: vluchten met een kind op je arm. We hebben elkaar allemaal nodig. En dan moet je niet alles weglachen, zoals jij altijd doet. Je moet ook een keer serieu... '

Van der Gijp: 'Ja maar, Ruud, ik neem me dat elke morgen voor.'

Gullit: 'Wat?'

Van der Gijp: 'Elke keer als ik wakker word. Dan denk ik bij mezelf: nu ga ik alles eens serieus nemen, net als iedereen. Maar weet je wat het nou is? Ik probeer het, ik probeer het echt, maar het lukt me gewoon niet.'

Even later. Nu het bijna middernacht is, en er eindelijk een einde is gekomen aan het officiële programma, verdrinkt Ruud Gullit bij het verlaten van het podium zowat in de mensenzee voor hem. Zoals altijd wil iedereen iets van hem: een handje, een kusje, een foto, een krabbel of gewoon wat aandacht. Zelf wil het Zwarte Pinapparaat eigenlijk nog maar één ding: naar huis.

Van der Gijp heeft zich op dat moment al aan de meeste aandacht onttrokken door buiten onder de beschutting van de caféluifel een sigaretje te roken. Hij is in een enigszins verwarrend gesprek verwikkeld met een Engelse Chelsea-fan, een man van middelbare leeftijd die niets van de hele avond heeft verstaan, maar die er desondanks nog steeds niet over uit kan dat hij op een doodgewone woensdagavond in een doodgewoon café zomaar oog in oog kwam te staan met de enige echte Ruud Gullit.

Zo verstrijkt de tijd in Breda. Van der Gijp drinkt wat, rookt wat en babbelt wat in de Brabantse nacht. Hij zwaait naar Pierre van Hooijdonk. Die zwaait vriendelijk terug. Een dag later zal die twitteren:

Bier&Ballen gisterenavond met hoofdgast @GullitR die een oude bekende even voor joker zette. #oerwoudgeluidenracisme

Binnen, in het dampende café, schuift Ruud Gullit inmiddels stapje voor stapje richting uitgang. Nog een paar meter, dan is hij weer een vrij mens.

Als de deur van De Bommel is opengezwaaid en er iemand naar buiten loopt, tikt de vriendin van Van der Gijp hem aan. 'Hé René, daar gaat Gullit volgens mij.'

Van der Gijp kijkt naar de grote, donkere gestalte die door de drijfnatte Halstraat beent, rechtstreeks richting de parkeergarage. Van der Gijp wekt niet de indruk te overwegen achter hem aan te gaan.

'Laat gaan,' zegt hij. 'Ruud wil zo te zien naar zijn bedje. Kom, drinken we nog wat?'

Tour de France

-Wat vond je ervan dat Gullit je op het podium riep?

'Is toch goed?'

-Ja?

'Tuurlijk wel.'

-Zo zag het er anders niet uit.

'Ruudje wilde kennelijk een statement maken. Nou, dan doet-ie dat toch? Vind ik niet erg hoor.'

-Ik vond het niets voor jou, zo'n avond vol drukte. Heb je je wel vermaakt?

'Tuurlijk wel. Ik vond het hartstikke leuk. Maar het klopt dat ik het niet gewend ben. Slapen, dat lukte helemaal niet. Ik geloof dat ik om half zes nog niet sliep. Het was echt al bijna weer licht toen ik het tv'tje uitzette. Normaal krijg ik niet zoveel prikkels op een avond. Ik had echt even de tijd nodig om de boel weer te ordenen in dat bolletje van me.'

-En tv-kijken helpt daarbij?

'Ja, televisiekijken is voor mij de ultieme vorm van ontspanning. Meen ik echt. Weet je wat bijvoorbeeld heel rustgevende tv is?'

-Nou?

'Wielrennen.'

-Ja?

'Ik zweer het je. Vooral als ze gaan klimmen. Zend een zware bergetappe uit en ik val van plaatsvervangende vermoeidheid binnen tien minuten in slaap. En weet je wat ik nou het allermooiste aan de Tour vind?'

-Geen idee.

'Nou, dat ik dan zomervakantie heb, dat ik he-le-maal niets hoef te doen – behalve dan af en toe mijn glas bijvullen, hooguit het zwembadje even schoonmaken en verder op de bank liggen en tv-kijken – en dat ik dan op dat scherm elke dag van die gasten op die fietsjes he-le-maal kapot zie gaan. Sommigen met het slijm en het snot aan hun kin. Van 's morgens vroeg tot diep in de middag. En dat doen ze dan vrijwillig. Elke dag. Soms zelfs tegen een heel steile berg op. Alleen maar zodat wij ons een beetje kunnen vermaken in de zomer. En als ze dan eindelijk klaar zijn, weet je wat ze dan doen? Dan gaan ze naar een afgeragd Postillion Motel met z'n allen, waar alleen maar koud water is en geen airco, vreten een biefstuk op, gaan aan het infuus liggen en dan naar bed, werken 's morgens heel vroeg kokhalzend een bak pasta naar binnen en gaan weer op dat fietsje zitten. Wekenlang. Elke dag. Tot ze helemaal roodverbrand en uitgedroogd en met pijn in hun reet in dat Parijs aankomen. Dat vind ik nou verreweg het mooiste aan de Tour de France.'

-Daar kun jij je niets bij voorstellen hè?

'Waarbij?'

-Bij dat afzien.

'Nee.'

-Of cultiveer je het? Je hebt Oranje gehaald en de Europa Cup gespeeld. Dan moet je ook weleens hebben afgezien.

'Conditioneel gezien zijn die vijftien interlands van mij een wonder geweest. Kijk, je kon mij vier uur laten trainen met een bal. Geen enkel probleem. Helemaal toen ik jong was. Wij hadden in mijn beginjaren bij Sparta drie full profs: Pim Doesburg, de keeper, Ruud Geels, de spits, en ik, de rechtsbuiten. Wij waren de enigen die ook 's ochtends trainden. De rest werkte dan. Dat was waanzinnig. Pim in het doel, ik voorgeven en Geels afwerken. Dat kon ik twaalf uur achter elkaar doen als het moest, geen enkel probleem. Maar een Coopertest was voor mij de hel. Conditioneel was ik als voetballer een wrak. Dat sloeg helemaal nergens op.'

-Kom op, dat kan niet als je bij PSV hebt gespeeld.

'Het was een andere tijd, dat moet je niet vergeten. Het voetbal van ons is in niets te vergelijken met het voetbal van nu. Zelfs mijn beste jaar bij PSV speelde zich af op Madurodam-niveau in vergelijking met de topploegen van tegenwoordig. Daar straalt de kracht en fitheid vanaf. Nee, echt: ik zou de warming-up van nu niet eens meer overleven.'

-Waarom overdrijf je altijd zo?

'Ik zweer het je: halverwege het opwarmen zou je me al aan de beademing moeten leggen.'

-En vroeger was het dus niet veel beter?

'Inderdaad. Ik herinner me dat we met PSV op De Herdgang in twaalf minuten 3700 meter moesten lopen. Dat leek me een onoverbrugbaar eind. "Godverdomme Gijp," zei Kraay sr., "als jij laatste wordt, speel je zondag niet." Nou, ik geloof dat ik amper boven de 1400 meter kwam. Maar toch speelde ik zondag, want weet je wie er expres achter mij liep? Gullit, mijn vriend. Mooi man. Die wandelde bijna, die Ruud, anders had-ie me nog onbedoeld ingehaald ook. Maar dat maakte niet uit, want hij speelde toch altijd. Dat was het verschil tussen Kraay en Gullit. De een probeerde me te veranderen, de ander accepteerde me zoals ik was. Daarom is Kraay iemand die ik altijd erg heb gewaardeerd, meen ik echt, maar beschouw ik Ruud als een vriend.'

-Daarin lijkt hij op vrijwel al je vrienden.

'Dat klopt. De mensen met wie ik graag omga, respecteren stuk voor stuk dat ik op sommige vlakken anders in het leven sta dan zij. Ze voelen ook niet de behoefte om daar continu een oordeel over te geven. Maarten Spanjer doet dat niet. Casper van Eijck doet dat niet. Rob Jansen doet dat niet. Mariootje Been doet dat niet. De meesten doen dat niet. Ze accepteren me zoals ik ben. Misschien komt het doordat ze zelf zo eigenaardig zijn, dat ze het ook van mij kunnen hebben.'

Donderdag 3 maart 2016, 17:12 uur

The Harbour Club, Rotterdam

Die middag, in het nog vrijwel lege restaurant, gaat het weer een opvallend groot deel van de tijd over de dood, over ouder worden, over Sanny en over hoe trots hij is op de stoere manier waarop die met zijn ziekte was omgegaan, over Daniëlle en dat hij zich er allang bij heeft neergelegd dat niemand precies begrijpt hoe hun relatie in elkaar zit, en ook een hele tijd over zichzelf.

Na ongeveer twee uur spreekt hij een zin die verontrustend bekend voorkomt. 'Weet je wat het is?', zegt hij dan met een wrang lachje, 'eerlijk gezegd ben ik steeds vaker een beetje klaar met de hele dag René van der Gijp uithangen.'

Daarna staart hij een tijdje zwijgend naar zijn steak sandwich, alsof hij geschrokken is van zijn eigen ontboezeming.

In de zomer van 2012 was René van der Gijp voor het eerst een beetje klaar met de hele dag René van der Gijp zijn. Het had toen een mental breakdown tot gevolg die alleen met behulp van een psychiater en medicijnen kon worden overwonnen, serieus genoeg van aard om hem uiteindelijk maandenlang van het tv-scherm weg te houden.

Het begon ooit allemaal met een bezoek aan de studio van *DWDD*, bepaald niet zijn favoriete plek op aarde. Hij mag dan graag tot diep in de nacht naar het programma kijken en bijna een gevoel van existentiële leegte ervaren op het moment dat Matthijs van Nieuwkerk de zomerstop aankondigt, het is altijd met een paar ton lood in de schoenen dat hij zelf naar de Amsterdamse studio afreist.

'Ik weet niet wat het is, maar ik voel me er niet thuis. Dat ligt niet aan Matthijs of aan de andere mensjes die daar werken. Integendeel. Ik word er altijd heel goed behandeld. Maar toch is er in mij altijd de angst dat ik uit mijn comfortzone word getrokken. Hetzelfde geldt trouwens voor het programma van Jeroen Pauw. Allebei die mannen bewonder ik enorm om wat ze kunnen, ik vind ze echt krankzinnig goed. En toch zit ik niet graag tegenover ze. Ik ben altijd bang voor de vraag: "René, wat vind jij eigenlijk van de nieuwe WAO-wetgeving? En heb je de laatste roman van Salman Rushdie nog gelezen?" Bang dat ik ergens in word meegesleurd – een discussie over het vluchtelingenbeleid bijvoorbeeld – die zo intens ingewikkeld is dat er door jou als eenvoudige krantenlezer eigenlijk niets zinnigs over te zeggen valt. Maar dat je dat toch gaat proberen. Terwijl je het eigenlijk niet wilt.'

Het merkwaardige is dat hij in zijn eigen programma wel voortdurend de ruimte neemt om zijn mening te geven over allerlei ingewikkelde zaken die niets met voetbal te maken hebben. Over vrouwen bijvoorbeeld ('die houden meer van hockey dan van voetbal, want van alle sporten lijkt dat het meest op stofzuigen').

Zijn onhandig geformuleerde mening over de rol van homo's in het betaald voetbal ('voetbal is niks voor homo's') werd uitgelegd als een roep om uitsluiting in plaats van een constatering, en kwam op de voorpagina's van de kranten terecht. Hij noemde Nelson Mandela een paar uur na zijn dood op nationale televisie 'een grappig mannetje' dat 'goed kon dansen'. En als er kritiek op deze of op andere uitspraken kwam, maakte hij het met alle plezier nog even wat erger.

En dat allemaal tegenover uitgerekend Wilfred Genee, een presentator die – in tegenstelling tot Matthijs van Nieuwkerk – constant naar een gaatje in de dekking zoekt en geen mogelijkheid onbenut laat om elke controversiële uitspraak nog eens een beetje erger te maken. Toch stapt hij tweemaal per week fluitend de studio van *Voetbal Inside* binnen, waar hij bij die van *DWDD* altijd op de drempel staat met een blik die je ook wel ziet bij mensen die voor het Joegoslavië Tribunaal moeten verschijnen.

'Dat komt doordat de toon bij ons aan tafel altijd dezelfde is. Omdat de grenzen in ons programma een beetje zijn opgerekt. Dat maakt het makkelijk en zorgt ervoor dat je je meer kunt veroorloven. En het heeft ook met die Televizierring te maken, gek genoeg. Daar heb ik heel veel vertrouwen door gekregen. Maar bij *DWDD* is het anders. Daar voel ik helemaal geen houvast. Dat zorgt altijd voor ongemak.'

Vaak is dat ook goed te merken. Toen hij op een warme zomeravond weer eens in de kleine, smalle gang stond die leidt naar de studio van *DWDD*, wachtend tot Matthijs van Nieuwkerk zijn aankondiging deed, keek hij naast zich en zag Tofik Dibi staan, destijds het jonge ambitieuze Kamerlid van GroenLinks. Die was ook te gast. Nog een minuut of vier, dan zou de uitzending beginnen.

Van der Gijp nam Dibi eerst een hele tijd grijnzend op. Ze kenden elkaar niet. Daarna volgde een kort gesprek. Het ging over de venijnige debatten in de Tweede Kamer tussen hem en collega Jolande Sap, een strijd waar televisiekijkend Nederland al dagenlang door was gegrepen. Dat gold ook voor René van der Gijp.

'Hé,' zei hij uit het niets en wees naar de politicus.

Je zag Dibi even schrikken.

'Jij bent goed, man!'

Nu lachte het Kamerlid beleefd terug. Hij zei nog niets.

'Nee, meen ik echt. Goed mannetje ben jij. Ik heb van je genoten.'

Dibi: 'Ja? Genoten?'

'Van de week, op tv. Met Sappie.'

Dibi: 'Heb je gekeken?'

'Tuurlijk wel! Túúrlijk heb ik gekeken. Nee, was prachtig. Echt. Niks mis mee.'

Dibi: 'Nou, bedankt.'

'En ga je van de week weer?'

Dibi: 'Weer?'

'Ja?'
Dibi:'Weer wat?'
'Weer met Sappie?'
Dibi: 'Oh. Euh... ja, wie weet.'
'Echt? Weer met Sappie, lekker bekvechten? Goed, man! Lekker!'
Dibi: 'En ga jij dan weer kijken?'
'Als jij weer met Sappie aan de gang gaat? Zeker weten, man. Dan ga ik er thuis voor zitten hoor, op het bankie. Jij tegen Sappie? Héérlijk. Kan ik geen genoeg van krijgen.'
René van der Gijp maakte die avond een gespannen indruk. 'Ik hoop niet dat het daar zo bloedheet is,' zei hij steeds, 'dan ga je zo zweten, bah.' Even later werd hij de studio in geleid. Het was er bloedheet. De airco bleek kapot. Maarten Spanjer was er ook en deed zijn Rinus Michels-imitatie. Intussen viel zijn vriendin bijna flauw van de hitte op de tribune, vanwaar je ook goed kon zien hoe het overhemd van Van der Gijp aan zijn rug plakte. Drijfnat.

Die keer dat het bijna fout ging, in de zomer van 2008, was hij uitgenodigd om te komen praten over het ontslag van Van Hanegem bij FC Utrecht. Dit is hoe hij het zich herinnert: 'Henk Spaan zat er al toen ik binnenkwam. Hij had een gedicht ingestudeerd. Houvast. Maar ik had helemaal niks. Jan Mulder was er ook, maar die was heel druk bezig met Jan Mulder zijn. Ik had geloof ik drie uur in de file gestaan, ik ging van een warme auto, even de kou in en toen weer een bloedhete studio binnen. Ik voelde me niet lekker. Toen, onder die studiolampen, begon alles te draaien. Voor het eerst dacht ik toen echt dat ik ging flauwvallen.'

Van der Gijp begon te transpireren, voelde zich licht in het hoofd, dacht even dat hij hartritmestoornissen kreeg en wilde eigenlijk maar één ding: weg. Het was het begin van iets dat hem jaren later zou overvallen en dat hij zijn 'inzinkinkje' zou noemen.

'Inherent aan dit vak is dat je er vroeg of laat zelf in gaat geloven. Het is maar goed dat je dan een keer met een hamer op je achterhoofd wordt geslagen waardoor je weer een beetje terug op aarde keert,' zegt hij nu, 'want het is heel extreem om te moeten ervaren dat je jouw eigen bovenkamer niet meer onder controle hebt. Dat je gedachten met je op de loop gaan en dat je er niets tegen kunt doen. Ik heb nooit geloofd dat een normaal iemand van de ene op de andere dag in een gesticht terecht zou kunnen komen. Ik dacht altijd: het is een geleidelijk proces. Maar zo hoeft het niet te zijn. Dat weet ik nu uit eigen ervaring.'

Er waren destijds, in die donkere maanden van zijn depressie, dagen bij die grotendeels huilend op de bank werden doorgebracht, alleen met Daniëlle en met ontelbare liters huisgemaakte tomatensoep die hem er al lepelend weer bovenop moesten brengen. Toch spreekt hij over deze zwarte periode op dezelfde luchtige toon als vroeger over de mislukte voorzetten van Stanislav Manolev en bagatelliseert hij het bij voorbaat door er constant in verkleinwoorden ('het inzinkinkje') over te spreken, in eufemismen ('het liep allemaal een beetje over in het bolletje') of in voetbaltermen ('ik zat even niet zo lekker in de wedstrijd').

Wat uiten van zijn gevoelsleven betreft, is hij net als de andere mannen aan de *VI*-tafel: met uitzondering van Wim Kieft gaat het hen niet gemakkelijk af. Van der Gijp houdt het doorgaans zelden langer dan een minuut of vijftien vol. Hij kan in een gesprek wel plotselinge vlagen van grote openhartigheid kennen, maar zodra het iets te lang naar zijn zin te intiem of te serieus wordt, kapt hij de hele boel af met een grap, of zegt hij opeens, uit het niets: 'Hé, die Zlatan, die is goed, hè? Zó hé, die is goed, man. Of vind jij van niet, dan? Dat is toch niet normaal meer, hoe goed die is?'

Hoe het komt is niet helemaal duidelijk, maar vanmiddag lijkt een uitzondering. Hij blijft veel langer serieus dan gebruikelijk. Ook de aanvechting om alles met een grap af te doen, en deze dan zelf te belonen met een oorverdovende lach, blijft de hele middag achterwege. Helemaal als het over Sanny gaat en over de gevolgen die diens ziekte voor hemzelf had. 'Natuurlijk heeft dat mij blijvend beïnvloed,' zegt hij. 'En het klinkt gek, maar misschien was dat ook wel nodig. Ik was in dat leventje van mij natuurlijk behoorlijk met mezelf bezig. Dat is er nu wel voor een groot deel vanaf. Mijn leven is veel meer in perspectief gekomen, ik ben veel meer met mijn omgeving bezig dan vroeger. Ik vind het ook leuk. De voorgaande jaren was ik toch 23 van de 24 uur met mijn hoofd bij de uitzending. Ik weet niet of het door die Televizierring komt, of door het boek, of alle aandacht daarna, maar het werd allemaal een beetje te groot in mijn beleving, te belangrijk vooral. Ik was *obsessed*, nam het veel te serieus: het programmaatje, de kijkcijfers, mijn eigen rol, alles. Dat is nu echt wel anders.

Kijk, vanavond moet ik Nicky even naar het Feyenoord stadion brengen. Hij gaat samen met Jan Boskamp naar de wedstrijd tegen AZ. Vroeger beschouwde ik dat bij wijze van spreken als een grote inbreuk op mijn privacy. Nu kan ik me er juist op verheugen. Dat is helemaal nieuw voor mij. En als dat betekent dat ik dan niet naar Arsenal-Watford kan kijken, of Vitesse-De Graafschap, nou jammer dan. Maar dat was vroeger ondenkbaar. Dan moest ik zelfs de wedstrijden van Cambuur van de eerste tot de laatste seconde zien, omdat ik anders het idee had dat ik mijn werk niet goed kon doen. Dat heb ik nu niet meer.'

Verliefd

'Weet je wat best gek is?'

-Nou?

'Ik ben nog nooit verliefd geweest.'

-Nee?

'Nee, echt niet. Mensen hebben het toch altijd over vlinders in hun buik en zo?'

-Ja.

'Ik zou niet weten wat ze daarmee bedoelen.'

Donderdag 3 maart 2016, 17:24 uur

The Harbour Club, Rotterdam

De steak sandwich is op, de serveerster is bedankt, goed getipt en uitbundig vaarwel gekust, de Porsche is voorgereden, de motor staat al zachtjes te zoemen, alles is klaar voor vertrek. Eindbestemming van de reis is Kampong Kita, een Maleisisch All-You-Can-Eat-restaurant in de schaduw van De Kuip. Voor elke avondwedstrijd van Feyenoord houdt Jan Boskamp daar audiëntie achter meterslange rijen kipsaté en vrachtladingen bami, want hij is iemand die de term All-You-Can-Eat nogal letterlijk neemt. Gelukkig kennen ze hem daar en hebben ze inmiddels weet van zijn culinaire voorkeuren. Samengevat: nooit alcohol, wel heel veel satésaus.

Maar eerst gaat het naar Dordrecht om Nicky op te halen. 'Ik lever die kleine af bij het Maleisiërtje, en ik haal hem na de wedstrijd weer op bij McDonalds,' zegt Van der Gijp. 'Dat is praktisch, want op beide locaties kan Jan dan nog een hapje eten.'

Nicky is net als Jan Boskamp tot in het diepste van zijn vezels een Feyenoord-fundamentalist. Ondanks hun leeftijdsverschil van meer dan een halve eeuw kunnen ze het daarom prima met elkaar vinden. Als de Panamera de straat in draait waar Nicky met zijn moeder Daniëlle en zijn oudere halfbroer Giorgio woont, komt hij al naar buiten, een vrij stille 14-jarige jongen met sluik haar, sproetjes en dezelfde ogen als zijn vader. Hij draagt vandaag een Feyenoord-trainingspak, zoals eigenlijk altijd. Daaronder zit een Feyenoord-shirt. Om zijn nek hangt een Feyenoord-sjaal. Aan zijn voeten fluorescerende sportschoenen en witte sportsokken. Van Feyenoord.

Zijn moeder staat in de deuropening. Ze rookt een sigaret en zwaait hem na.

'Ik zet hem af bij het Maleisiërtje,' roept Van der Gijp vanachter het stuur.

Daniëlle houdt haar hand achter haar oor. Ze verstaat hem niet.

'Het Maleisiërtje! En dan breng ik hem na de wedstrijd weer thuis!'

Ze schudt haar hoofd, dooft haar sigaret en komt naar buiten. Nicky probeert intussen op de achterbank zijn benen in zijn nek te vouwen. Dat valt niet mee, er is maar weinig ruimte. Zijn vader heeft de gewoonte half liggend te sturen.

Er wordt een praatje gemaakt. Als Nicky eindelijk zit, kunnen we gaan. Daniëlle zwaait naar ons. Daarna steekt ze een nieuwe sigaret op en verdwijnt in de deuropening.

'Hè, hè,' zegt Van der Gijp als we aan het einde van de straat zijn. Hij knipoogt richting de bijrijdersstoel.

'En? Denk je dat Feyenoord wint, Nick?'

'Ja, pap,' zegt Nicky op de achterbank, 'Ik denk het wel.'

De reis verloopt voorspoedig. Er wordt niet overdreven veel gesproken in de auto, maar als er wordt gesproken gaat het over voetbal. Nicky is, zoals zoveel jongens van zijn leeftijd, geobsedeerd door het spel en alles dat daarbij hoort. Zijn geheugen is als een spons, een vergaarbak van ontelbare feiten en feitjes, opgediept van voetbalsites, voor de televisie en op het schoolplein. Maak hem 's nachts wakker, roep hard 'Borussia Dortmund!' of 'Paris Saint-Germain!' in zijn oor en hij begint zonder haperen de hele selectie op te noemen, als het moet ook met bijbehorende rugnummers en geboorteplaats.

Naarmate het stadion dichterbij komt, wordt hij wel steeds onrustiger. In de buurt van De Kuip krijgt hij hetzelfde over zich als de drommen supporters die op de aangrenzende voet- en fietspaden onderweg zijn: ook zij beginnen onbewust sneller te lopen zodra de lichtmasten in zicht komen.

In de schaduw van De Kuip, vlak bij Kampong Kita, strandt de Panamera alsnog in een korte file. Voor het stoplicht wordt Van der Gijp herkend. De jongens in de auto naast hem toeteren en gebaren dat hij zijn raam moet laten zakken. Er wordt geschreeuwd, gezwaaid, duimen worden opgestoken, telefoons getrokken. Langzaam doet Van der Gijp zijn raampje open.

'Hé! Gijpie!'
'Jongens… '
'Gijpie!'
'Hé jongens… '

'Hé, jij bent Gijpie toch?'
'Tuurlijk wel.'
'Hé Gijpie!'
'Jongens, laten jullie die Kuip wel heel vanavond?'
'Tuurlijk Gijpie!'

Er wordt gelachen op de andere rijbaan, waar getatoeëerde armen uit het raam hangen. Weer schieten er duimen omhoog. Daarna gaat het raampje weer dicht en geeft hij gas.

Hij springt handig om met alle aandacht die zijn tv-werk met zich meebrengt. Tegen mensen op straat weet hij snel de juiste toon te vinden, of het nu een Marokkaanse fan, een getatoeëerde hooligan, een bejaarde buurvrouw of een politieagent is. Het zal het resultaat zijn van de ontelbare lezingen die hij vroeger heeft gegeven. Het ene moment sprak hij het topmanagement van Shell toe of een zaal vol wethouders, het volgende moment stond hij in een Zeeuws-Vlaamse kantine voor een zwijgzame businessclub van de plaatselijke voetbalvereniging, of voor een stelletje dronken sponsors in de Bollenstreek. Overal was het een kwestie van aftasten en zo snel mogelijk de juiste toon vinden, iets dat hem in het dagelijks leven nog steeds van pas komt.

Het is anderhalf uur voor aanvang van Feyenoord-AZ. Er staan op de paar vierkante kilometer rond De Kuip naar schatting inmiddels 15.000 auto's. Toch knaagt dat niet aan het zelfvertrouwen van de bestuurder.
'Even het autootje wegzetten,' zegt hij.

Hij rijdt recht op een afgezette straat af. Daar staat een man in een fluorescerend hesje voor twee dranghekken heel boos te kijken. Als Van der Gijp zijn raam heeft opengedraaid, checkt hij eerst even of hij wel is herkend, anders is hij kansloos. Dan zegt hij:
'Hé, hoe is-tie, ouwe reus?'
'Euh... ja, goed,' zegt de man, die nog even moet bekomen van de schrik dat er plotseling een BN'er naar zijn welzijn informeert.
'Hé, ik moet die kleine van mij even afzetten bij het All-You-Can-Eat-restaurantje... '
'Wat?'
'Het Maleisiërtje, aan de overkant. Daar zit Jantje Boskamp te wachten. Als-ie tenminste niet is ontploft van al die sateetjes natuurlijk.'
De man begint te lachen.
'Dat weet je nooit met Jantje, hè. Nee, want Jantje houdt wel van lekker eten, hè?'
De man begint nog harder te lachen.
'Die loopt zo vaak met zijn bord langs dat buffet, dat er hele uitgesleten plekken in het tapijt zijn ontstaan.'

Nu begint de man te schaterlachen. Maar nog belangrijker: hij is ook al bezig zijn dranghekken opzij te schuiven. Daarna maakt hij een uitnodigend gebaar, nog net niet als een lakei.
'Geen probleem, Gijpie,' zegt hij, 'Ga je gang.'
Als de auto eenmaal staat en Van der Gijp op weg gaat naar het restaurant, legt hij bij het passeren nog even zijn arm om de

schouder van de parkeerwachter. Die doet hetzelfde bij hem. Nicky staat op de stoep en kijkt er onbewogen naar, hoewel het best een gek gezicht is, twee mannen, wildvreemden van elkaar, op een donderdagavond, gearmd bij een drankhek. 'Wat denk jij, zou Jantje Boskamp straks ook nog een toetje nemen?', vraagt Van der Gijp aan de parkeerwachter. 'Of denk jij van niet?'

Hij wacht het antwoord niet af, laat wel als extra dank nog even zijn televisielach door de straat klateren, geeft de man een klap op de schouder, slaat nu zijn arm om Nicky heen en leidt hem door het drukke verkeer naar Kampong Kita, een restaurant zo groot als een parkeergarage en bijna net zo gezellig. Binnen staan 200 stoelen. Op een ervan zit Jan Boskamp, de schrik van elke All-You-Can-Eat-restaurateur, als een Brusselse boeddha al te wachten.

Idool

-Jij hebt Jan Boskamp weleens jouw idool genoemd.

'Ja. Dat meen ik ook. Ik heb heel veel respect voor Jan.'

-Waarom?

'Omdat hij echt is.'

-Echt?

'Puur.'

-Jan is een bijzondere man.

'In alle opzichten. Laatst belde ik hem om half vijf 's middags op, omdat we 's avonds hadden afgesproken bij het Maleisiërtje. Ik vroeg hoe laat hij er zou zijn. Toen zei hij: "Hoezo? Ik ben er al." Om half vijf! Die gaat gewoon drieenhalf uur in zijn eentje in een All-You-Can-Eat-restaurant zitten! Heel bijzonder, toch?'

-Ik dacht niet dat het kon, maar hij is nog gekker van voetbal dan jij.

'Ja. Jan is een freak. Maar ook zijn liefde voor voetbal is heel puur. Hij staat niet langs de lijn om gezien te worden, of om een baantje te bemachtigen. Hij staat er omdat hij van het spel houdt. Als ex-speler van Feyenoord heeft hij de rest van zijn leven het recht om op de eretribune tussen de andere oud-spelers te zitten, maar dat verdomt hij. Hij zit gewoon op een zijvak, tussen de gewone mensen. Daar voelt-ie zich veel prettiger. Jan gaat ook net zo lief naar Barcelona als naar Deportivo Kuthuizerveen. Dit is een man die naar Argentinië vliegt om een paar trainingen van FC São Paulo te bezoeken. Geen wedstrijden, maar trainingen! En vergis je niet: in de voetbalwereld kent Jan iedereen en iedereen kent Jan. Ik ben een keer met hem en Johan Derksen naar een wedstrijd van Vitesse geweest, toen zijn vriend Merab Jordania daar nog de baas was. Ik wist niet wat ik meemaakte. Op het parkeerterrein stonden geloof ik wel twintig medewerkers van Vitesse ons op te wachten toen we aankwamen. Het was geen gezicht. Ik ben nog nooit zo naar het voetballen geweest. Vanaf dat moment hoefde ik niets meer te doen, behalve nog uitstappen. De rest werd voor mij gedaan. Het was alsof Jan en ik op staatsbezoek waren. We waren net Willem-Alexander en Máxima. Een hele delegatie bracht ons naar de vijfde verdieping van het Gelredome. Daar hadden we zo'n box tot onze beschikking. Het leek wel een bordeel, ik zweer het je. Een groot leren bankstel, een bar, meisjes met grote flessen champagne. Ja, en van die champagne die te zuipen is, hè? Niet zo'n flesje van 80 euro. Merabje selecteerde zijn spulletjes niet uit de aanbiedingenkrant van Gall & Gall. Nou, toen kregen we kip en toastjes en vis en nog veel meer te eten. Intussen werden de lichten nog verder gedimd en werd op een groot scherm een live concert van Beyoncé vertoond. Lekker. Daarna gingen we naar buiten om de wedstrijd te bekijken. In de rust: hapjes, champagne. Na afloop: precies hetzelfde. Was mooi, hoor. Op het einde werden we naar de privébox van Jordania gebracht. Aan de deur stonden een paar van die gorilla's. Bodyguards, een stuk of drie. Binnen stierf het ook al van de Russen, of Georgiërs, of hoe die gasten heten. En ook daar werden we wéér helemaal in de watten gelegd. Zelf staat hij net zo lief op Varkenoord naar Feyenoord A1-PSV A1 te kijken, maar zo gaat het over de hele wereld als je met Jan op stap gaat, want iedereen heeft hem er graag bij. Als hij bij Chelsea komt, dan is-ie ook de persoonlijke gast van Abramovich.'

-Ook bijzonder: hij schept er nooit over op.

'Nee. Heel soms laat hij iets los. Bijvoorbeeld dat iedereen daar na de wedstrijd standaard tassen vol cadeaus meekrijgt. Shirts, ballen, een horloge, van alles. Een paar van die horloges kosten Abramovich toch elke week voor de gezelligheid zo'n vijfduizend euro. Waarom doen die mensen dat? Aan de andere kant: wat maakt het uit? Ik hoorde via-via dat die Abramovich laatst in het casino van Monaco is geweest. Black Jack, of roulette, dat weet ik niet meer. In elk geval: het was niet zijn geluksavond. Hij verloor veel geld. Toen heeft-ie zijn jacht ingezet. Zo'n enorm slagschip. En het mooie is: dat verloor-ie óók. Hup, boot van bijna veertig miljoen weg. Het schijnt dat hij toen wel heel even met zijn oogjes heeft geknipperd, maar dat er verder weinig aan hem te merken was. Ha! Die man is zo rijk, die kan van het lachen niet meer in slaap komen. En het mooiste vind ik: dat is dan de vriend van Jan Boskamp. Mijn maat. Dat vind ik prachtig, man. Echt waar. Ben ik trots op.'

Donderdag 3 maart 2016, 18:43 uur

Restaurant Kampong Kita, Rotterdam

Vroeger at Jan Boskamp voor de thuiswedstrijden van Feyenoord altijd even verderop, in restaurant Bennie Beer, een etablissement dat tot nu toe door de Michelingids telkens over het hoofd werd gezien, maar op wedstrijddagen wel altijd tot de nok toe vol zit met schransende Feyenoord-supporters. En dat was nu juist het probleem, want de populairste analist van Rotterdam en omstreken werd daar gek van de mobiele telefoons die de hele tijd voor zijn neus werden gehangen, terwijl hij net achter een wagonlading patat met mayonaise zat. 'Een fotootje is nooit een probleem, maar sommigen van die gasten kwamen gewoon bij me aan tafel zitten,' zei hij een keer. 'Daar werd ik gek van. Sommigen vraten zo mijn saté op.'

Vandaar dat hij is verhuisd naar hier, buurman Kampong Kita, waar hij inmiddels een bekende verschijning is. Hij hoeft er op wedstrijddagen zijn auto maar voor de deur te parkeren, of in de keuken springen de loempia's als vanzelf in hun pan. Alleen vandaag niet. Vandaag zit Boskamp achter een leeg bord. En dat is een nogal vreemd gezicht.

'Jan, wat is er?', vraagt Van der Gijp.
Boskamp schudt zijn hoofd. Hij draait zijn imposante lijf zodat de linkerwang zichtbaar wordt. Zijn gezicht is nog dikker dan normaal. Het is alsof hij door duizend bijen tegelijk is geprikt.
'Ontstoken tand,' zegt hij. 'Klerezooi.'
'En nu?', vraagt Van der Gijp.
'Hoe, en nu? Nu kan ik niks in mijn mik douwen hè, schele! Klootzak!'
Bam!, daar is de eerste klap van de avond alweer uitgedeeld.

Toch is het aan tafel al snel ook gezellig, want Jan Boskamp is nooit alleen, maar verschijnt altijd met een nogal bonte hofhouding. Ditmaal heeft hij gezelschap van zijn biograaf André van Kats – over Jan Boskamp werden al bijna net zoveel boeken geschreven als over Winston Churchill – alsmede twee Limburgse zakenmensen met bemoeienissen bij Fortuna Sittard en nog wat zwijgzame heren uit België. Van al die mensen is Van der Gijp het meest aan het woord. Tijdens het praten legt hij zijn arm vaak om Nicky of aait hem een tijdje over een arm of hand. Hij noemt zijn 14-jarige zoon afwisselend 'pik', 'pikkie' of 'ouwe pik'.

Zelf zegt Nicky niet veel. Hij vraagt twee keer aan Jan Boskamp of hij denkt dat Feyenoord wel gaat winnen vanavond, een vraag die tot zijn geruststelling twee keer bevestigend wordt beantwoord met: 'Tuurlijk.' Ook somt hij een keer alle Feyenoord-spelers op met wie hij op de foto staat.

Boskamp heeft inmiddels voor iedereen koffie besteld, maar de bestelling arriveert niet snel genoeg naar zijn zin, vandaar dat hij bij elke passerende Aziaat opnieuw begint te bestellen, zelfs als ze helemaal niet tot het bedienend personeel behoren. Het gevolg is dat er na een tijdje drie rondjes koffie tegelijk worden gebracht, door drie verschillende obers. Dat zijn in totaal 18 kopjes.

Stuiterend van de cafeïne trekt het gezelschap richting stadion. 'Ik zal goed op hem letten hoor, schele,' zegt Boskamp. Van der Gijp knikt. Hij geeft zijn zoon een paar kusjes op het voorhoofd. Een van de Limburgers vraagt eerst aan Boskamp en dan aan Nicky of ze denken dat Feyenoord gaat winnen. Allebei denken ze van wel.

Dan rijdt Van der Gijp snel weer terug naar huis, waar hij net op tijd op zijn geliefde bank ligt om de aftrap te zien. Twee uur later haalt hij Nicky weer op. Die is opgetogen en diep gelukkig, net als zijn vriend Jan, en de rest van Rotterdam. Feyenoord heeft AZ verslagen, met 3-1. De bekerfinale is bereikt. De hele avond heeft Boskamp ook geen woord meer over zijn ontstoken tand gezegd, want iedereen is hier dolblij. Op het parkeerterrein van McDonalds wordt een korte analyse van de avond gemaakt. Wat Boskamp betreft kan dat in één woord: 'Werelds'.

Daarna is het tijd voor het afscheid. Er worden nog wat liefkozend bedoelde klappen uitgedeeld en dan vertrekt Boskamp al zwaaiend terug naar België. Nicky zwaait zijn vriend na en stapt dan in bij zijn vader. Samen rijden ze terug naar Dordrecht, naar zijn met Feyenoord spullen behangen kamer in het huis van Daniëlle.

Een dag eerder, in The Harbour Club, had Van der Gijp het nog uitvoerig over Daniëlle gehad. Aan zijn vaste tafel vertelde hij dat ze elkaar ooit hadden leren kennen via het programma *Barend en Van Dorp*. Van der Gijp maakte reportages en had voor een interview met Regilio Tuur een kostuum nodig. Zo kwam hij bij Theo Sijthoff terecht, de flamboyante Rotterdamse modeontwerper, en ontmoette daar diens blonde dochter. Het klikte gelijk. Ze bleken hetzelfde gevoel voor humor te hebben.

'Daan was destijds parttime zangeres,' zei hij gisteravond aan zijn vaste tafeltje. 'Ze trad op met een geluidsband. Ik ging meestal mee met haar optredens. Andersom was ze ook altijd bij mijn lezingen. We waren graag samen op stap, omdat we om dezelfde dingen moesten lachen.'

Later runden ze ook nog een tijdje een lingeriezaak in Rotterdam. Dat was niet echt een succes. 'We hadden een paar dingen over het hoofd gezien. Bijvoorbeeld dat om de hoek De Bijenkorf ook bh'tjes verkocht. En voor ongeveer de helft van de prijs. We hebben het tweeënhalf jaar volgehouden. Toen hebben we het deurtje weer op slot gedraaid. Ook omdat er op een dag een man aan de toonbank verscheen die drie weken na aankoop een al gedragen setje van zijn vrouw wilde ruilen. Toen Daan zei dat dat helaas niet meer kon, pakte hij een pistool en zette de loop op haar voorhoofd. Dat maakte het er ook niet aantrekkelijk op.'

Nee, dan was de tijd als zangeres leuker. Hij vond zichzelf regelmatig terug in exotische locaties als Avifauna, vooral wanneer de verschillende woonwagenkampen uit de regio besloten er een feest te houden, wat nogal eens voorkwam.

'Dan zat er voor vijfduizend jaar gevangenisstraf in de zaal. Allemaal mensen die hun kleding bij Theo kochten. Kampers in galajurken, dat was heerlijk om te zien. En Daan maar zingen. Ze had best veel werk. Ze zong covers van Madonna, Donna Summer, Tina Turner. Niet alleen voor ordinair publiek hoor, al zaten er toch regelmatig jongens tussen die zo'n bundeltje met 50.000 gulden in opgerolde biljetten uit hun broekzak toverden, dat wel. Het Rotterdamse uitgaansleven bestond in die jaren nog voor een groot deel uit penoze. Het was de tijd van de koppelbazen en de illegale casino's. Veel van die gasten kwamen bij Feyenoord en Sparta over de vloer. Was leuk, hoor. Heel anders dan nu, in die stadions met die skyboxen. Het was meer de wereld van bier en baco's en lekkere meiden en een beetje lachen, dan van cocaïne en champagne. Daantje kon zich daarin prima staande houden. Die hield ook wel van mensen die iets anders tegen het leven aankeken. En ze was met haar vader natuurlijk wel het een en ander gewend. Die schrok niet meer zo snel ergens van.'

Theo Sijthoff was behalve zelfbenoemd modekoning van Rotterdam ook een societyfiguur – in een stad zonder societycultuur. In zijn gloriedagen bestond zijn bonte clientèle uit mensen als Joan Collins, Omar Sharif en Diana Ross, maar nog vaker uit André van Duin, de Zangeres zonder Naam, Vanessa en natuurlijk de onvermijdelijke Lee Towers, door Sijthoff altijd De Zingende Hijskraan genoemd. Ria Lubbers kwam er ook en Onno Ruding, maar Theo's finest hour was vereeuwigd in een foto die pontificaal in zijn imposante kantoor hing: koningin Beatrix op de trappen van het Élysée, in een van zijn creaties.

De pers was gek op hem vanwege zijn bravoure, zijn venijn en zijn originele manier van uitdrukken, vooral als het om collega's ging ('Frank Govers is een griezelig mannetje, een gedegenereerde woelmuis in een te strak spijkerbroekje'), al werd hij in de krant ook weleens 'een notoire wanbetaler' genoemd.

Sijthoff was van zijn 16e tot zijn 30ste beroepswielrenner geweest. Hij sprak over zijn deelname aan de Zesdaagse van New York op de heroïsche toon die altijd even deed vermoeden dat hij het over de Zesdaagse Oorlog in de Sinaï had.

Openhartig vertelde hij ook over zijn dopingverleden, bijvoorbeeld een keer in dagblad *Trouw* over de drie pilletjes die hij op een avond in 1961 op zijn nachtkastje vond. 'Gekregen van dokter Rolink, de latere clubarts van Ajax. Wat doe je dan als jong ventje tijdens de race Warschau-Berlijn-Praag? Je slikt ze. Pervetine, benzedrine, dexedrine, de hele bliksemse boel.' Het was uiteindelijk de reden om voorgoed af te stappen. 'Op een goeie dag ben ik radicaal met wielrennen gestopt. Ik had iets te veel doping gebruikt en daar word je op den duur niet zo lekker van.'

Als modekoning specialiseerde hij zich in de Rotterdamse stijl, die volgens hem 'glamour met een vleugje ordinair' was. Daarnaast hing hij steeds vaker de bohemien uit, droeg regelmatig ongevraagd een gedicht van Achterberg voor, schilderde, schonk op het kantoor in de schaduw van de Van Brienenoordbrug koffie in kopjes waarop in goud zijn handtekening stond, zorgde voor wat reuring in de pers ('van alle nobody's onder de modekoningen ben ik ab-so-luut de beste', of: 'de modewereld in Nederland is zo *glamourous*, dat ik er een beetje *glamourous* van moet overgeven') en kondigde zijn definitieve vertrek aan met de aankoop van een vrijwel onbewoond eiland in de Stille Zuidzee. Later bleek het een grap, of een misverstand, of een waanidee, of een combinatie van dat alles, dat werd nooit helemaal duidelijk. Er volgde een faillissement, de zo gevreesde anonimiteit, een hersenbloeding, een lang ziekbed en uiteindelijk de dood, in 2006.

In een van zijn laatste grote interviews, met het *Algemeen Dagblad*, sprak Theo nog over zijn schoonzoon, zijn dochter en de onstuimige relatie die die twee eropna hielden.

'Ze hebben drie huizen. Eén samen, voor als het een week goed gaat. Het huis daarnaast, waar de deur op slot gaat en mijn dochter een week gaat wonen bij ruzie. Dan haar eigen huis, waar zij daarna een week intrekt, om tenslotte weer te belanden in de gemeenschappelijke woning. En ze belt mij elke dag op met het laatste nieuws. Ik word er weleens moe van. Ja, René is een heel bewerkelijke jongen. Maar je kunt er wel mee lachen.'

Van der Gijp maakte de glorietijd van het mode-imperium niet meer mee. Hij leerde zijn schoonvader pas kennen toen de neergang al enigszins was ingezet. Dat het gezin weleens een lang weekend vierde in Cannes en dat Theo dan op het einde zonder met zijn ogen te knipperen 50.000 gulden afrekende, alleen voor de kamers, weet hij enkel uit de verhalen van Daniëlle. Toen hij in de familie kwam, waren de Sijthoffjes inmiddels uitgeweken naar België. Zelf was hij net gestopt met voetballen. De enige wedstrijden die hij nog speelde waren met de oud-internationals, of tussen artiesten als Ben Cramer en Serge, van Saskia en Serge. Het is allemaal zo lang geleden dat je op sommige elftalfoto's Koos Alberts nog ziet staan. Maar ook toen ging Daniëlle mee. 'We zagen elkaar meestal alleen in het weekend. Maar we belden wel elke dag vijf of zes keer. Dat zijn we ons leven lang blijven doen. Eindeloos bellen met elkaar, over van alles.'

Aan tafel in The Harbour Club roemde hij haar opofferingsgezindheid, haar bereidheid veel voor een ander te doen en sowieso alles voor haar kinderen, maar hij zag ook de gevaren. 'Ze kent geen grenzen. Ze is altijd maar bezig voor anderen, nooit voor zichzelf. Terwijl ik denk dat het voor iedereen best eens lekker is om wat energie te ontvangen, in plaats van dat het alleen maar met bakken uit je getrokken wordt. Maar dat zit nu eenmaal heel sterk in haar karakter. Dat zag ik ook bij de verzorging van haar vader, die lang ziek is geweest. Die heeft ze jaren dag- en nacht bijgestaan. Dat leek wel een fulltime baan, zo extreem werd dat. Haar zus heeft in die periode een andere beslissing genomen. Die wilde zich niet laten opslokken door het leven van een ander en heeft een grens getrokken. Maar dat kon Daantje niet. '

Dat zei hij allemaal gisteravond. Nu, eenmaal terug in Dordrecht, gaat Nicky gelijk naar bed, maar dat is tegen beter weten in. Er giert na Feyenoords overwinning nog veel te veel adrenaline door zijn lijf om te kunnen slapen.

Zijn vader blijft nog even bij Daniëlle. In haar eengezinswoning drinken ze wijn en kijken ze samen naar het slot van *RTL Late Night*. Daniëlle rookt een paar sigaretten achter elkaar en slikt wat pijnstillers. Van der Gijp is opgehouden daar iets van te zeggen. Dan stapt hij in zijn auto en rijdt naar zijn eigen bungalow, een paar straten verderop en zet de sauna aan.

Samenwonen

-Is het uitgesloten dat je ooit nog met iemand gaat samenwonen?

'Ja. Honderd procent.'

-Waarom?

'Ik ben er niet geschikt voor. Te veel gedoe. Ik heb geen zin om de hele dag rekening te houden met de gevoelens en gewoontes van een ander. Laat staan van die van een vrouw. Maar ik wil het dus ook zeker niet zelf van een ander verlangen. Sommige mensen noemen dat asociaal. Je kunt het ook anders bekijken. Ik laat juist iedereen helemaal vrij. Je zou dus ook kunnen zeggen: socialer kan eigenlijk niet.'

-Nooit saai?

'Nee, hoor. Mijn werkster zei laatst ook tegen me: wat is het stil in jouw huis. Maar bij mij is het expres altijd stil. Heerlijk. Nee, ik denk dat dat samenwonen vroeg of laat dodelijk vermoeiend is, voor beiden. Ik heb het natuurlijk wel geprobeerd, maar ik eindigde altijd als een leeuw in een kooi. IJsberend voor het raam, omdat je eruit wilt. Ik wist al na een maand: dit is niks voor mij.'

-Waarom niet?

'Omdat het hard werken is, dat samenwonen, en constant maar compromissen sluiten. En omdat het onvermijdelijk is dat je je vroeg of laat enorm druk gaat maken over zaken die dat helemaal niet waard zijn.'

-Zoals?

'Zoals? Zoals bijna alles. Ga maar door een winkelcentrum lopen op zaterdag en luister naar waar de mensen het met elkaar over hebben. Allemaal onzin. Dat de kattenbakvulling in de aanbieding is. En dat ze het zo vervelend vinden dat tante Annie ze geen verjaardagskaartje heeft gestuurd. Dat soort dingen. Onzin. Terwijl ik denk: als je straks 86 jaar bent en in zo'n stoeltje zit en uit het raam kijkt, dan zal blijken dat nog maar heel weinig dingen waar jij je druk over hebt gemaakt, in werkelijkheid belangrijk waren. Uitzonderingen zijn in mijn geval bijvoorbeeld dat jaar met Sanny. En hopelijk als Nicky dadelijk zijn eerste vriendinnetje aan me voorstelt. Dat zijn belangrijke dingen. Maar toch niet de APK-keuring? En dat de hond op tijd naar de kapper moet?'

-Voor de twee moeders van je kinderen zorg je nog steeds goed.

'Als ik vertel hoe ik met mijn exen omga, zegt iedereen: waar je zin in hebt, zeg, om dat allemaal op je te nemen. Hier een huis, daar een auto... Maar ja, het zijn wel mensen die altijd lief voor me zijn geweest. En die het, op hun eigen manier, allemaal redelijk goed met mij voor hadden en nog steeds hebben. Ik zou er moeite mee hebben om die helemaal los te laten, om die nooit meer te zien. Ik gun ze nog steeds het allerbeste. Ik heb er ook totaal geen slecht gevoel bij als ze een nieuwe vriend bij zich hebben. Integendeel. Ik hoop maar één ding: dat ze intens gelukkig zijn. Ik bedoel: hoeveel vrouwen kom je nu in je leven tegen bij wie je denkt: zo, die zit goed in elkaar? Dat zijn er, tussen je zestiende en je vijfenzestigste, maar een paar. Nou, die moet je koesteren.'

-Er zijn veel mensen die na een lang huwelijk plotseling niets meer met hun ex te maken willen hebben.

'Kom op, man. Doe niet zo spastisch. Doe eens normaal. Het is maar zo'n kort leventje. Kijk, als je nou duizend jaar oud wordt en je zit er dus nog 950 jaar aan vast, dan is het iets anders... Maar nu zit je er nog maar veertig jaar aan vast. Nou, in die veertig jaar kun je toch wel gewoon een beetje lief voor elkaar blijven? Of ben ik nou gek?'

Vrijdag 4 maart 2016, 09:25 uur

Huize Van der Gijp, Dordrecht

De volgende dag. De telefoon gaat. 'Gijp', staat er in het display. Maar dat kan helemaal niet, want het is ochtend.

Wanneer hij belt hoor je meestal eerst een diepe en theatrale zucht, of een schaterlach die steeds verder in toonhoogte klimt, want telefoneren met René van der Gijp is doorgaans een nogal aparte belevenis. Meestal begint hij zonder aanhef of inleiding gewoon in het wilde weg te praten, en vrijwel altijd op een opgewekte toon. Vaak volgt er gelijk een grap, soms een monoloog die doet vermoeden dat hij van de gelegenheid gebruikmaakt om warm te draaien voor de uitzending.

Alleen nu niet. Nu klinkt hij heel anders.

Aan de andere kant van de lijn is nu alleen een zacht piepstemmetje te horen.

'Er is iets heel ergs gebeurd,' zegt hij.

Hij is bijna niet te verstaan, zo zacht praat hij.

Hij vloekt.

Het gaat over Daniëlle, en over Nicky.

-René, wat is er?
'Jezus... '
-Wat is er nou?'
'Godverdomme, man... '

Met horten en stoten komt het verhaal eruit. Over de brancard die al uit het huis werd gereden toen hij daarnet met gierende banden was komen aanscheuren. De paniek in de stem van Nicky aan de telefoon. En dat die jongen een paar minuten in dat huis had gezeten, alleen op de bank, wachtend op hulp, terwijl boven zijn moeder, in dat bed...
Weer die verslagen fluisterstem aan de andere kant van de lijn.
'Jezus Christus, man... '

Gisteravond, in The Harbour Club, nog maar een paar uur geleden eigenlijk, toen alles nog normaal was, toen zijn leven tot zijn volle tevredenheid rustig voortkabbelde en hij nog geen enkel vermoeden kon hebben van wat hem boven het hoofd hing, had hij Daniëlle 'een van de liefste mensen die ik ken' genoemd. 'Die zit echt extreem goed in elkaar,' zei hij toen een keer of drie.

Nu, enkele ogenblikken na zijn ochtendlijke fluistertelefoontje, verschijnt op de website van RTL Nederland een persbericht. Dat heeft het managementbureau van Rob Jansen voor hem geschreven en rondgestuurd. Het domineert binnen enkele minuten alle grote nieuwssites in Nederland.

Hilversum 04 maart 2016

Persbericht

Vanochtend heeft het verdrietige nieuws ons bereikt dat donderdag op vrijdagnacht de levenspartner van René van der Gijp is overleden.

RTL leeft zeer mee met René van der Gijp, de familie en andere naasten die onverwachts afscheid hebben moeten nemen van Daniëlle. Wij wensen alle betrokkenen heel veel sterkte met het verwerken van dit verlies. Uiteraard geven we René alle ruimte om zelf te bepalen wanneer hij zich weer klaar voelt om zijn plaats in te nemen bij Voetbal Inside.

We vragen de media om René en alle betrokkenen de ruimte te geven om dit verlies in alle rust te verwerken.

Naar aanleiding van deze trieste gebeurtenis gaat de uitzending van Voetbal Inside vanavond door in een ingetogen vorm. Ook zal de uitzending een half uur korter zijn dan normaal en om 21.30 uur eindigen.

Zelden

'Zo goed als Daan in elkaar zat, hè?'

-Ja?

'Dat zie je echt maar heel zelden.'

Vrijdag 4 maart 2016, 09:35 uur

Huize Van der Gijp, Dordrecht

Ad van der Gijp is deze rampzalige ochtend de eerste die ter plekke is. Hij treft zijn neef en Nicky ontredderd aan.

Op de bank wordt snikkend het slechte nieuws naar de buitenwereld doorgebeld. Het zijn over het algemeen korte gesprekken, want wie Van der Gijp ook maar aan de lijn krijgt – Caspertje, Mariootje, Hansie-Hansie – iedereen reageert hetzelfde. Eerst schrik. Dan ongeloof. Dan medelijden.

Al snel staat Hans Kraay jr. op de stoep. Op de oprit aait hij Nicky over zijn bol, binnen spreekt hij op fluistertoon een paar woorden tegen zijn vriend en voordat iedereen het goed en wel beseft is hij alweer weg, terug naar de Betuwe. De geur van Kraay's aftershave hangt langer in huis rond dan de man zelf, maar het is precies lang genoeg en René van der Gijp zal het gebaar nooit meer vergeten.

Om diezelfde reden is Johan Derksen deze ochtend ook al onderweg. 'Ik ga wel effe langs,' had hij vlak voor vertrek uit Oudewater aan de telefoon gezegd. 'Want dit gun je niemand.'

Twee zomers eerder hadden ze elkaar nog zwartgemaakt,

zowel publiekelijk als achter elkaars rug om, had Derksen hem in het openbaar 'een megalomane pillenslikker' genoemd, maakte Van der Gijp *fuck you*-gebaren wanneer ze elkaar passeerden en bleef de een demonstratief in de auto zitten als de ander toevallig gelijktijdig het parkeerterrein van de studio had bereikt. Maar dat leek nu opeens eeuwen geleden.

Ook Derksen was ontdaan van het nieuws. Een paar maanden eerder waren we tijdens een tocht door Gelderland nog langs Elst gereden, het plaatsje waar hij zelf ooit op slag zijn vrouw verloor, een apothekersassistente uit Musselkanaal met wie hij – daar heeft hij nooit aan getwijfeld – zijn hele leven was samengebleven, als er op een nacht niet iets diep tragisch was gebeurd. Terwijl hij als verslaggever van *VI* per trein onderweg was van de wedstrijd MVV-Roda JC, viel thuis zijn echtgenote achterover van de trap, met in haar handen een stapel dozen, ter voorbereiding op een verhuizing. Hij vond haar in een zwaar coma op de grond. Een paar dagen later overleed ze in het ziekenhuis. Derksen, toen 41 jaar, was van de ene op de andere dag weduwnaar. Een verslag van MVV-Roda JC is er nooit gekomen. De wedstrijd werd afgelast.

Ook Derksen had nog nooit van zijn leven een koekenpan aangeraakt of een ouderavond bezocht voordat hij alleen kwam te wonen met een kind. Zijn dochter Marieke was toen twaalf jaar, twee jaar jonger dan Nicky nu.

'Als je zoiets overkomt, dan weet je echt met je verdriet geen raad,' vertelde Derksen die dag in Gelderland achter het stuur. 'Ik had me nooit kunnen voorstellen dat een mens zoveel verdriet zou kunnen hebben. Ik was echt een wrak. Gebroken. Dat is de slechtste periode uit mijn leven geweest. Ik ben helemaal niet een type dat huilt. Maar ik heb toen zo ontzettend veel gehuild, puur van verdriet en ellende. Dat schijnt een goede uitlaatklep te zijn. En het gekke is: toen ik uitgehuild was over de dood van mijn vrouw, heb ik nooit meer om iets of iemand gehuild. Het leek wel of mijn tranen op waren.

Ik kreeg van de dokter van die pillen. Om je weer een beetje relaxed te voelen. Ik probeerde zo lang mogelijk van die krengen af te blijven. Meestal nam ik er om twaalf uur een. En dan later op de dag nog eentje. Dan werd het even draaglijk. Slapen deed ik niet. Het was echt de hel. Voor sommige mensen ontwikkel je in zo'n periode voor eeuwig een zwak. Ik zat op mijn eerste avond alleen in al mijn ellende thuis op de bank. En dan wordt er gebeld en staat opeens Hans Kraay jr. op de stoep. Dan denk ik: oké, hij is niet helemaal goed bij zijn hoofd en hij gedraagt zich natuurlijk altijd als een dorpsidioot, maar hij stond er wel. Die jongen kan zijn hele leven niet meer stuk bij mij. En zo waren er nog een paar. Niet veel, maar wel een paar. Dick Advocaat die een mooie brief stuurde, Leen Looijen die de volgende dag met drie appelgebakjes op de stoep stond. Dat vergeet je nooit meer.

Ik heb toen gemerkt hoe belangrijk het is dat mensen contact met je zoeken als je zoiets ingrijpends meemaakt. Ikzelf was altijd ontzettend onhandig als iemand was overleden, probeerde de confrontatie met de nabestaanden te omzeilen. Maar ik heb gezien dat sommige mensen er hartstikke goed in zijn en daar heb ik van geleerd. De belangrijkste les is eigenlijk heel simpel: het maakt feitelijk niet uit wat je zegt of doet, als je er maar even bent of even aandacht geeft.'

Daarna zweeg Derksen een tijdje en concentreerde zich weer op de weg in Elst.

Het was even zoeken. Hij was hier nooit meer terug geweest.

Toen het verdoemde huis aan de Mozartlaan eenmaal het beeld in gleed, nam Derksen zijn sigaar uit z'n mond en knikte richting de voordeur, de gang, de trap en de verhuisdozen die er ooit hadden gestaan.

'Ja, daar was het,' zei hij.

Daarna ging zijn sigaar weer in zijn mond.

Z'n rem raakte hij niet aan, de lege parkeerplaatsen voor de deur negeerde hij. Zwijgend en zonder te stoppen, reed hij zo snel mogelijk de straat weer uit.

Serieus

-Ging Daniëlle alleen voor de lol mee naar jouw lezingen?

'Nee, ook om in de gaten te houden dat ik niet doorsloeg.'

-Hoe bedoel je?

'Dat ik mezelf niet te serieus ging nemen.'

Vrijdag 4 maart 2016, 15:05 uur

Huize Van der Gijp, Dordrecht

René van der Gijp zit in zijn woonkamer aan de smetteloze eettafel achter een A4'tje. Zijn pen zweeft boven het papier. Zes jaar geleden, vlak voor het hoogtepunt van zijn roem, zat hij hier ook, toen om een overwinningsspeech in zijn zak te hebben voor het geval hij in Carré de Televizier Talent Award zou winnen. Nu zit hij in precies dezelfde houding aan precies dezelfde tafel om de rouwadvertentie voor de moeder van zijn kind te schrijven.

Normaal gesproken ligt hij nu gestrekt op de bank en kijkt op de iPad naar wat voetbalbeelden van de afgelopen week, of spit de sportkaternen door op zoek naar bruikbare nieuwtjes voor in de uitzending. Maar nu niet. Hij heeft van RTL te horen gekregen dat hij vanavond niet wordt verwacht en pas hoeft terug te keren wanneer hij daar zelf de tijd rijp voor acht, ook al is het over een jaar. Of over twee jaar.

Het is niet de eerste keer in zijn loopbaan dat hij plotseling ontbreekt op zijn vaste stoel aan de stamtafel van *VI*. In 2012, raakte hij vanwege zijn burn-out ook van de ene op de

andere dag letterlijk uit beeld. Een geluk bij een ongeluk was toen dat Koert Westerman net in de RTL-kantine voor zich uit zat te kijken. Een paar uur later zat die geschminkt en wel in zijn eigen jongensdroom: op de stoel van Van der Gijp, de nationale grapjas die zelf inmiddels bij Daniëlle thuis op de bank flink somber zat te zijn. Niet eerder dat seizoen trok het programma zoveel kijkers. Dat kan de verdienste van Koert Westerman zijn geweest, maar waarschijnlijker is toch dat het nieuws van Van der Gijps plotselinge afwezigheid de nationale nieuwsgierigheid flink had aangewakkerd.
En zo is het nu ook.

Ook deze keer trekt *Voetbal Inside* weer meer kijkers dan gemiddeld. Het heeft deze avond een marktaandeel van 8,3 procent tegenover 6,7 procent van de week daarvoor. Met een totaal van 610.000 kijkers trekt het precies 123.000 ramptoeristen extra.

De uitzending begint deze avond ingetogen. Er is geen applaus, geen grappig bedoeld introductiefilmpje, en Danny Vera overtreft zichzelf in zowel zang als repertoirekeuze. Aan tafel is de stemming terneergeslagen. Derksen legt op kalme toon aan Nederland uit wat er is gebeurd. Het is een van de weinige keren in de historie van dit anarchistische voetbalprogramma dat er lange tijd serieus wordt gesproken, zonder dat er een ordinaire grap dreigt of een al dan niet gespeelde verbale confrontatie. Derksen: 'Zijn zoontje had hem uit bed gebeld, want René gaat nogal laat naar bed. Hij had zijn moeder niet wakker kunnen krijgen en was toen in paniek geraakt, maar was nog wel zo scherp geweest om 112 te bellen. Dus toen René daar arriveerde, stonden er al twee ziekenwagens en politie, en werd zij gereanimeerd, maar later bleek dat ze al uren dood was. Dus ze is vroeg in de nacht overleden.'

En later:

'Hij heeft natuurlijk nooit zijn kind in huis gehad, dat zoontje, en dat krijgt hij nu wel in huis.

En hij heeft nog een probleem, want zijn partner had uit een eerdere relatie ook nog een volwassen zoon. Die woonde daar ook nog bij in, dus daar is hij ook nog min of meer verantwoordelijk voor. Dus ja, er staan hem een hoop zware weken te wachten, denk ik.'

Zelf ziet Van der Gijp de uitzending niet – hij zal hem een dag later wel goedkeurend terugkijken, want nu zijn er heel veel andere dingen te doen. Er heeft zich een ongekende kordaatheid van hem meester gemaakt, die zich uit in het regelen van zo ongeveer alles wat geregeld moet worden. Tussendoor aait hij Nicky door zijn haar, knuffelt hem, pakt hem telkens vast, geeft hem kusjes op zijn achterhoofd.

Ook in vrolijker tijden zijn vader en zoon opvallend lichamelijk met elkaar, zoals senior dat eigenlijk is met al zijn vrienden. Het duurt daardoor tijdens autoritten nooit lang of je vindt een tijdje een hand op je dijbeen, of je krijgt een vriendschappelijk tikje op je knie. Tijdens gesprekken maakt hij er ook een gewoonte van om wat extra aandacht te vragen door een tijdje met zijn wijs- en middelvinger over je onderarm of de rug van je hand te kietelen.

Terwijl vader en zoon elkaar in de huiskamer vasthouden om niet van verbijstering en verdriet om te vallen, stroomt in de digitale wereld de inbox van René van der Gijp langzaam maar zeker vol met steunbetuigingen en condoleances. Uit het hele land sturen onbekende mensen hem mails. Sommige zijn vrij informeel van toon ('Ik wens je alle sterkte van de wereld ouwe reus!!'), besluiten hun bericht met een toast ('Ik neem nog een wodkaatje en proost op jouw verwerking van je verlies') of hopen op een mail terug ('René, hou je taai en hopelijk krijg ik een reactie terug en hopelijk tot snel weer bij *VI*!'). De meeste berichten bevatten weinig leestekens, op het uitroepteken na.

Er zitten adviezen bij ('en hoe moeilijk het ook is, probeer de mooie momenten die je met haar heb beleefd in gedachten vast te houden en kijk naar je zoon als het cadeau wat ze je heeft gegeven') alsmede voorspellingen ('ook is het natuurlijk een hele omschakeling nu je zoon bij je komt wonen, wat weer een eigen ritme met zich meebrengt').

Verder wordt extra hulp aangeroepen ('ik bid voor je en wens jou en je zoontje heel veel kracht toe') en moed gewenst ('ik weet niet of deze mail je bereikt maar toch wil ik je via deze onpersoonlijke weg je heel veel sterkte wensen'), maar bovenal vertelt bijna iedereen binnen twee alinea's over zijn eigen smart. Sommigen in heel lange berichten, anderen houden het wat korter.

Beste René

Ik wil je alle sterkte toe wensen
Begrijp volkomen hoe jij je nu voelt
Ik heb mijn echtgenote 2 maanden terug verloren in
spanje aan een longziekte
René heel veel sterkte

Joop van Schaik

Er zitten mensen bij die hem proberen op te monteren door het sturen van een gedicht, soms zelfgemaakt, soms ergens vandaan geplukt, maar allemaal ongetwijfeld gevoed door een goed hart.

Wat kan het toch verdrietig zijn
Als je geliefde er niet meer is
Nog elke dag voel je het gemis
Want het leven was samen zo fijn.

Soms kun je het niet meer aan
Niemand om even mee te praten
Je voelt je zo eenzaam en verlaten
Nu moet je alleen verder gaan.
En toch gaat het gewone leven door
Maar wel heel anders dan voorheen
Niet meer bij elkaar, maar zo alleen

Je vraagt je af: waar leef ik nog voor?

Weet dan dat God er altijd voor je is
Hij kent jouw grote verdriet en pijn
Hij laat je nooit alleen en zal er zijn
Reken maar op Hem, zeker en gewis.

René sterkte!

Jannes

Gek

'Weet je wat het is, met zo'n rare gek als ik?'

-Nou?

'Er zijn maar heel weinig mensen die zeggen: het is wel goed zo. Laat die jongen zich gedragen zoals hij wil, hij doet er niemand kwaad mee.'

-Nee?

'Nee. Maar Daan was wel zo iemand. Die accepteerde mij totaal zoals ik ben.'

Zaterdag 5 maart 2016, 16:02 uur

Huize Van der Gijp, Dordrecht

Een dag na de dood van Daniëlle is zijn telefoon grote delen van de dag in gesprek. Casper van Eijck had dat al voorspeld. 'René heeft de neiging zich bij dit soort situaties te verliezen in praktische zaken. Ik ken hem. Het is belangrijk om hem nu de ruimte te gunnen zijn emoties toe te laten. Hij moet die accepteren. Anders gaat het fout. Ik weet hoe hij is.'

Die middag, aan het einde van de dag, is er opeens contact, wanneer hij uit het niets opbelt. Het is een kort gesprek. Zijn stem klinkt weer als normaal, maar het ongeloof en de ontreddering is er desondanks in terug te voelen.

'Hé Harry, hoe is-tie?'

-Jezus. Dat kan ik beter aan jou vragen.

'Het is bizar.'

-Verschrikkelijk.

'Ja man.'

-Red je het wel?

'Jawel.

-Echt?

'We hebben vanavond bij Sanny gegeten.'

-Oké. En hoe is het met Nicky?

'Die ligt hier lekker op de bank, voetbal te kijken. Hè, Nick?'

-En jij?

'Ik ga straks maar de sauna aanzetten.'

-De sauna?

'Ja, wat moet je anders? Ik weet het ook even niet meer.'

Hij vertelt over de begrafenisondernemer. Binnen een kwartier had er iemand voor de deur gestaan met een grote map onder zijn arm. Het was de catalogus, voor het kiezen van de kist. Van der Gijp moest een formulier ondertekenen, wat hij gedachteloos deed, en daarna zijn keuze kenbaar maken. Hij was er snel uit. 'Ik ben daar makkelijk in. Er zit voor mij geen verschil in het kopen van een spijkerbroek in De Bijenkorf en dit. Ik heb even gebladerd. Daarna lieten ze mij iets zien. Was prachtig. Toen heb ik gezegd: dan doen we die. Was vijf minuten werk.'

Later appt hij nog een aantal foto's door. Groepsportretten in de bar van het Okura Hotel in Amsterdam, een jaar of vier geleden. Rob Jansen en zijn vrouw Esther staan erop, Maarten Spanjer en zijn vriendin ook. Daniëlle draagt galakleding en rode laarzen. Ze is speciaal naar de kapper geweest. Het is een van de sporadische keren geweest dat ze met zoveel enthousiasme en plezier in de openbaarheid verscheen. Daarna verplaatste haar leven zich stapje voor stapje steeds meer binnenshuis.

'De wereld van Daniëlle was de laatste jaren heel klein geworden. Ze ging naar de supermarkt. En dan ging ze weer terug. Dat was het wel zo ongeveer. Misschien 's avonds nog een keer naar de benzinepomp om sigaretten te halen, maar meer ook niet. Verder zat ze maar in dat huis op de bank. Ze had zich volledig dienstbaar gemaakt aan anderen. Ze vergat steeds meer zelf te leven.'

De tragedie in het leven van René van der Gijp houdt intussen de landelijke pers bezig. Het overlijden van Daniëlle is in sommige kranten voorpaginanieuws. Na een paar dagen beginnen ook de eerste follow-ups te verschijnen. Het *AD* zoekt een andere alleenstaande vader op en laat hem tips geven aan Van der Gijp.

Het Algemeen Nederlands Persbureau citeert Johan Derksen en stuurt, tussen de onheilstijdingen over aanslagen en het vluchtelingenprobleem door, het volgende bericht de wereld in:

'Van der Gijp stort zich na overlijden partner op vaderrol'

08 maart 2016
ANP

Voetbalanalist René van der Gijp stort zich na het plotselinge overlijden van zijn levenspartner Daniëlle Sijthoff (46) vol overgave op de opvoeding van hun zoon Nicky (14). Voetbal Inside-collega Johan Derksen: „Hij was een vader op afstand, maar hun zoontje is nu zijn grootste zorg."

Van der Gijp is 'geen type om samen te wonen', zei hij eens. Hij heeft daarom nooit met Daniëlle en hun zoon Nicky in één huis geleefd. Hoewel hij vaak bij hen verbleef, ging hij aan het einde van de dag altijd naar huis, een paar straten verderop.

Zo ook donderdagavond, nadat Van der Gijp bij zijn vriendin RTL Late Night had gekeken. De volgende ochtend, vrijdag, bleek Daniëlle al vroeg in de nacht te zijn overleden, waarschijnlijk aan een maagbloeding.

,,Het gaat naar omstandigheden goed met René," zegt VI-tafelgenoot Derksen, die veel contact met hem heeft. ,,Uiteraard is hij verdrietig, maar verdriet hoort bij het leven. Hij is nog heel kwetsbaar en heeft zijn zwakke momenten. Het positieve is dat hij zich helemaal stort op de opvoeding van zijn zoon Nicky, die nu bij hem woont."

René speelde daarin tot nu toe een bescheiden rol. Derksen: ,,René woonde niet met Daniëlle en Nicky samen. Hoewel hij natuurlijk vaak bij hen over de vloer kwam, was hij toch een vader op afstand. Dat gaat nu allemaal veranderen. Hoewel hij verdrietig is, zie ik ook dat hij enthousiast is over dit nieuwe deel van zijn leven."

Toch zijn er ook grote zorgen. ,,Nicky heeft zijn moeder in haar bed gevonden. Dat moet een traumatische ervaring zijn. Ik heb René geadviseerd met hem naar de psycholoog te gaan, om te helpen bij de verwerking. Maar de aandacht gaat nu natuurlijk eerst uit naar de begrafenis donderdag."

De populaire voetbalanalyticus wil graag snel weer aanschuiven bij Voetbal Inside. „Hij wil er volgende week maandag weer bij zijn," zegt Derksen. „Ik heb al tegen hem gezegd: neem je tijd. Je hoeft niks te overhaasten. Het is toch een heel emotioneel gebeuren. Maar hij is erg stellig. 'Dat ik emotioneel ben, betekent niet dat ik niet kan praten over de linksbuiten van Ajax', zei hij. Wie ben ik om hem dan tegen te houden? Iedereen verwerkt en rouwt toch op zijn eigen manier. Het kan bovendien ook een goede afleiding voor hem zijn. Na de begrafenis zal hij de knoop doorhakken."

Afgelopen vrijdag werd tijdens een sobere en verkorte uitzending stilgestaan bij het overlijden. „René wilde graag dat de uitzending doorging. Vooraf ben ik bij hem langs geweest en heb ik hem gevraagd wat ik op televisie kon vertellen. 'Vertel maar gewoon alles wat er is gebeurd,' zei hij. 'We hebben niks te verbergen.'"

Intussen stromen er nog steeds mails binnen. Op zondag 13 maart stuurt ene Hosni om 22:16 uur een bericht. Van der Gijp weet niet precies hoe het komt, hij heeft nog nooit van Hosni gehoord, maar het is een van de mails die hem raakt:

Goedemiddag meneer van der gijp,

Ik ben hosni ben marokkaans en ik kijk niet naar voetbal inside alleen heel erg soms. Maar ik heb vernomen aan je situatie.. ik wil jou veeeeeeeeeel beterschap wensen en veel geduld en sterkte... ook met uw gezin... heel veel geduld.

Hosni

Zweef

'Hé, jij komt toch ook?

-Waarheen?

'Naar de crematie van Daan?'

-Natuurlijk.

'Het is besloten. Ik heb vijf mensen uitgenodigd: Maarten, Rob, Caspertje, Mario en jij. Verder de familie en vrienden van Daniëlle, beetje familie van mij, wat vrienden van Sanny die bij Daantje over de vloer kwamen. Meer niet.'

-Oké. Ik zal er zijn.

'Krankzinnig allemaal hè, pik?'

-Ja.

'Goh. Echt krankzinnig.'

-Gaat het wel?

'Jawel. Alleen: ik heb het gevoel dat ik zweef.'

Donderdag 10 maart 2016, 16:52 uur

Essenhof, Dordrecht

In rouwcentrum Essenhof staat René van der Gijp in een rij familieleden handen te schudden en condoleances in ontvangst te nemen. Daarna zal het merendeel van de gasten vertrekken. Alleen de mensen die zijn uitgenodigd voor de plechtigheid blijven dan achter.

Nelli Cooman is een van hen, een vriendin van Daniëlle uit de tijd dat ze als atlete werd gekleed door Theo Sijthoff. Zij zal straks als een van de eersten spreken. Ook Aad Veerman is hier, de gokkast-exploitant die bekend werd al mecenas van bokser Bep van Klaveren, en nog wat semi-bekende Rotterdammers.

Van de vrienden van Van der Gijp zijn Rob Jansen en zijn vrouw Esther Goergen een van de eersten die arriveren. Ze hadden elkaar een paar weken eerder nog gezien, de zaakwaarnemer en hij, toen Van der Gijp bij hoge uitzondering Dordrecht had verlaten en op een woensdagmiddag naar Den Haag was gereden, waar Jansen en zijn medewerkers op de eerste verdieping van het Hilton Hotel een kantoor bewonen met een hoog Jerry Maguire-gehalte. Jansen zou de volgende dag in een Gooische privékliniek worden voorzien van een nieuwe heup en Van der Gijp wilde zijn vriend even succes wensen.

'Rob is nogal een hypochonder,' legde hij op weg naar Den Haag uit, 'die denkt wel héél erg snel dat hij wat heeft. Hij laat ook graag uit voorzorg zo veel mogelijk in zijn lichaam vervangen. Rob eindigt ooit als een soort *bionic man*, van binnen helemaal van staal en plastic. Vaak belt hij Caspertje en laat zich dan helemaal onderzoeken. Negen van de tien keer heeft hij niks. Maar hij blijft het doen. Vindt-ie leuk. Andere mensen gaan een weekendje skiën, Rob gaat het liefst een weekendje voor de zekerheid onder een scanapparaat liggen. Ik heb weleens overwogen hem er een cadeau te doen met kerst. Z'n eigen scanapparaatje onder de boom. Gelukkiger kun je hem volgens mij niet maken.'

Daarna begon hij achter het stuur keihard te lachen. 'Ik vind Rob een goeie gozer, hoewel we in heel veel dingen tegenpolen zijn. Hij is een workaholic. Altijd bezig, altijd druk, altijd in het vliegtuig of minstens onderweg naar Schiphol. Rob heeft een boot en een vakantiehuis in Frankrijk, maar waar je hem ook belt: als je vraagt wat-ie aan het doen is, komt altijd hetzelfde antwoord: aan het werk. Nee, wij zijn heel anders. Ik ben iemand die zich snel neerlegt bij z'n lot. Ik laat me een beetje door het leven leiden, ik onderken dat je zelf niet zoveel in te brengen hebt. Een beetje geluk hebben in het leven, dat is al heel wat. Maar daar denkt Rob heel anders over. Hij is iemand die twee pakjes per dag rookte, kortademig werd, begon te hoesten en toen net zo lang zocht tot hij een dokter had gevonden die wilde bevestigen dat zijn klachten door astma kwamen, en zeker niet door het roken.'

Sinds hun eerste kennismaking in Zwitserland, het land waar Van der Gijp na zijn topjaren bij PSV z'n tijd verdeed en waar Jansen hem hielp van zijn contract af te komen, is de vriendschap tussen de ex-voetballer en de zaakwaarnemer grotendeels gebaseerd op een nogal Haags georiënteerd gevoel voor humor. Of, zoals Jansen zegt: 'Het is eigenlijk vooral gebaseerd op elkaar de hele dag afzeiken.' Dordtenaar Van der Gijp kan er gelukkig moeiteloos in mee. Meestal beginnen ze zonder warming-up.

'Wat heb jij nou aan?' zei Jansen dus, toen Van der Gijp die middag breed grijnzend het Hilton Hotel was binnengevallen, gekleed in een inderdaad nogal opvallende kruising tussen een joggingbroek met een laaghangend kruis en een wollen maillot, die halverwege de schenen verdween in twee donkerblauwe UGG-laarzen. 'Is dat mode in Dordrecht? Wat zie je eruit, zeg. Meen je dit nou allemaal echt? Ik zal je vertellen: ik ken zwervers die er beter uitzien. Ik zweer het je: een beetje zwerver schopt jou nog onder een brug vandaan. Die zegt: rot maar op, daar ga ik niet naast liggen.'

Van der Gijp deed alsof hij het allemaal niet hoorde.

In plaats daarvan wees hij naar het bureau aan de overkant van de gang. Daar zat Michael Jansen, de zoon en beoogd opvolger, een voorkomende en goed gesoigneerde jongen, strak in het pak, met donker haar en sinds kort ook een donkere baard.

'Hé Rob,' zei Van der Gijp, 'die kleine van jou, met die baard, heeft die zich dit weekeinde aangemeld bij IS?'

Het waren de gebruikelijke inleidende beschietingen bij het weerzien van de twee oude vrienden. Maar dit keer, nog maar een paar weken later, is het allemaal anders en staat de Executive Vice President and Managing Executive Global Football van de Wasserman Media Group, inclusief nieuwe heup, in de ontvangstruimte van het crematorium en drinkt een glas water. Wanneer de twee elkaar nu tegenkomen, allebei in begrafenispak, wordt er nog maar weinig gesproken. Er is een hand, een aai, een blik vol verstandhouding en weinig tekst.

'Hai, jongen.'

'Hai, Rob.'

'Hoe is het met je?'

'Ja, kut.'

Nog een kwartier, dan begint de dienst. Casper van Eijck meldt zich. Maarten Spanjer en zijn vriendin Monique zijn er ook. Als laatste sluiten Mario en Astrid Been aan. Er wordt vooral veel gezwegen. Zelfs Rob Jansen, die pratend is geboren, is nu stiller dan normaal.

Stuk voor stuk gaan ze even later met gebogen hoofd de aula binnen voor de dienst. Er is muziek van Duran Duran – 'een kutband,' zegt Van der Gijp in zijn toespraak – en Danny Vera's prachtige 'In Every Way' klinkt, er wordt gesproken, gehuild, neuzen worden gesnoten, kelen geschraapt.

Wanneer hij naast de kist moet spreken, heeft Van der Gijp moeite de juiste toon te vinden. Desondanks houdt hij een toespraak van een paar minuten. Hij vloekt daar twee keer hartgrondig bij. Het woord 'schuldgevoel' valt vier keer.

Na afloop, in de aula. De plechtigheid is nog maar een paar minuten voorbij, wanneer de eerste familieleden binnenschuifelen. Van der Gijp ziet er opgelucht uit. Hij maakt bij elk groepje een praatje. Nicky heeft eerst iets gedronken tegen de schrik en komt nu langs met zijn beste vriendjes. Een voor een stelt hij ze aan zijn vader voor. Allemaal geven ze een hand en zeggen gecondoleerd. Van der Gijp ondergaat het ritueel met een licht vertederde blik. 'Dankjewel jongens, dat is heel lief van jullie,' zegt hij.

Voordat ze weer vertrekken, een kluwen veertienjarigen rond een oplichtende smartphone, tikt Nicky zijn vader aan.

'Papa?'

'Ja, pikkie?'

'Depay staat vanavond in de basis bij United.'

Na een halfuur beginnen de eerste bezoekers te vertrekken. De vrienden van Van der Gijp besluiten naar Barendrecht te rijden, waar Mario Been een goed restaurant weet om de emoties van de dag tot bedaren te laten komen. Alleen Casper van Eijck gaat niet mee. Hij moet slapen, morgenochtend vroeg wachten weer twee grote operaties.

Van der Gijp bedankt ook voor de uitnodiging. Als in restaurant De Olijfboom de eerste fles witte wijn opengaat en er wordt getoast op Daniëlle, maar ook op René en vooral op Nicky, liggen vader en zoon al gestrekt op de bank, uitgeput, sprakeloos, nog steeds enigszins verdoofd, en kijken ze grotendeels zwijgend naar Liverpool-Manchester United.

Lekker weertje

-Heb je ergens hulp bij nodig?

'Nee hoor. Waarmee?'

-Weet ik veel. Misschien kan ik iets voor je doen.

'Nee joh, laat gaan. Nog één ding, dan is alles geregeld. Nog één afspraakje vanmiddag, meer niet. En dan gaan we vanavond Chinees eten. Hè Nick?'

-Hoe gaat het met Nicky?

'Goed. Die ligt hier bij mij op de bank. Voetballen kijken. Hé, ouwe reus, ik spreek je morgen weer, ja?'

-Wacht even...

'Ja?'

-Hoe gaat het nou met jou?

'Met mij? Nee, prima. Bijna alles is geregeld. Het is een lekker weertje. De hondjes zijn buiten.'

Donderdag 10 maart 2016, 18:22 uur

Restaurant De Olijfboom, Barendrecht

Iedereen zit in De Olijfboom allang aan tafel, als ook Maarten Spanjer en zijn vriendin Monique arriveren. Ze waren verdwaald. Daardoor worden er eerst een minuut of tien grappen gemaakt over de hulpeloosheid van Amsterdammers buiten Amsterdam. Iedereen heeft nu behoefte om even te lachen.

Spanjer ondergaat het allemaal gelaten. Hij wist bij het parkeren al dat dit zijn lot was. Hij kent de heren Jansen en Been al langer dan vandaag, want hoewel je hem tegenwoordig niet meer hoeft wakker te maken voor de samenvatting van SC Heracles-Roda JC, is voetbal altijd prominent aanwezig geweest in zijn leven.

Spanjer voetbalde zelf zijn hele jeugd. Eerst op straat, vervolgens in de schaduw van De Meer, bij dezelfde rooms-katholieke club als Louis van Gaal. Later ging hij er ook over schrijven. Hij publiceerde zijn avonturen in boeken en schreef interviews voor onder andere *Nieuwe Revu*. Op televisie verwierf hij een cultstatus dankzij het programma *Voetbal '80*, waarin hij onder anderen de personages Miskend Talent en Drs. Vijfje op onnavolgbare wijze gestalte gaf.

Spanjer is al vanaf zijn vroegste jeugd omringd door voetballers. Hij groeide op in dezelfde straat als Ajax-ster Co Prins. De ondoorgrondelijke Piet Keizer was zijn achterbuurman. Later raakte hij bevriend met mannen als René van der Gijp en Wim Suurbier, met wie hij avonturen beleefde waar hij tot op de dag van vandaag graag en met smaak over vertelt.

Het is een mooi stel bij elkaar: Jansen, de door testosteron aangedreven workaholic. Been, de trainer die maar niet begrijpt dat Van der Gijp hem niet verdedigt wanneer hij in *Voetbal Inside* wordt aangepakt, sterker nog: die het erger maakt. En Maarten Spanjer, de meesterverteller, die ook weleens een jaartje gebrouilleerd kan raken met zijn vriend, maar altijd weer terugkeert. 'Heb je die sauna nog, René?', vroeg hij na de laatste, vrij onbenullige ruzie. 'Ga er dan maar in zitten en doe in godsnaam de deur op slot, want ik ben helemaal klaar met je.' Een jaar spraken ze toen niet met elkaar. Maar dat is inmiddels allemaal allang vergeven en vergeten – zoals dat gaat onder goede vrienden.

Hun conclusie: Gijp is een rare snijboon, ondoorgrondelijk in bepaalde opzichten, waar je gek genoeg nooit echt hoogte van kunt krijgen noch kwaad op kunt worden, een zondagskind in de klassieke zin van het woord waar iedereen aan tafel nu oprecht medelijden voor voelt. Of, zoals Rob Jansen het halverwege de avond samenvat: 'De basis van onze vriendschap is dat we elkaar niet proberen te veranderen. Dat we elkaar proberen te accepteren zoals we zijn. Daarom houden we het al zo lang met elkaar uit. Zelfs met zo'n figuur als René.'

Wat de vrienden verder nog bindt, is niet alleen eenzelfde gevoel voor humor en de liefde voor de bal, maar ook eenzelfde gevoel voor taal. Dat geldt vooral voor Mario Been. Het zal ook komen doordat ze regio- en generatiegenoten zijn, maar vooral Been spreekt zinnen die ook zo uit de mond van Van der Gijp hadden kunnen komen. Bijvoorbeeld, een tijdje geleden tegen zijn vriend en mentor Beenhakker: 'Leo, jij hebt zoveel geld, als je het nu op een hoop gooit en in de fik steekt, smeult het in 2018 nog.' Over zijn tijd met Van der Gijp bij SC Heerenveen: 'René en ik woonden in Drachten in dezelfde straat. Hij op nummer vijftig en ik op nummer twintig. Daar tussenin woonde na een tijdje niemand meer.'

Gevoel voor ironie is dun gezaaid in de voetbalwereld, gevoel voor understatement ook, maar Mario Been – mits ontspannen – vormt een uitzondering. Dat bleek bijvoorbeeld die keer dat hij jarig was en er de hele dag nog niemand was geweest die hem had gefeliciteerd. Toen Maarten Spanjer hem op de valreep om vijf voor twaalf belde, nam Mario op met de zin: 'Zo, kon je er doorheen komen?'

De sterke verhalen over de gezamenlijke avonturen van Been en Van der Gijp in Friesland hebben in de voetbalwereld inmiddels een bescheiden cultstatus. Ze zijn er een karikaturaal duo door geworden, zoals ook Suurbier en Krol – Snabbel en Babbel – dat werden en Israël en Laseroms – IJzeren Rinus en Theo de Tank – ook. Waarschijnlijk is dat terecht. Gijp en

Been haalden in één seizoen meer ongein uit dan de meeste voetballers van tegenwoordig in heel hun carrière. Het gaf hun allebei een imago dat inmiddels nog maar weinig met de werkelijkheid te maken heeft, maar dat desondanks tot in de eeuwigheid aan hen zal blijven kleven: die van onbezorgde grapjas, gespecialiseerd in voetbalhumor.

Voetbalhumor is humor die zelden echt leuk is, of je moet erbij zijn geweest – en dan nog moet je het treffen. Het merkwaardige is ook dat er nooit progressie in zit. Het is altijd blijven steken op het niveau scheerschuim-in-moorkop, drol-in-schoen, urine-in-shampoofles. Op het moment dat Wim Suurbier volgens de moeder-aller-voetbalanekdotes in de keuken van het spelershotel zijn geslachtsdeel tevoorschijn haalde en eerst uitgebreid in de kippensoep urineerde alvorens deze aan het KNVB Sectiebestuur te serveren, geldt daardoor nog steeds als een eenzaam hoogtepunt van een nogal armoedig genre. Maar dat weerhield het duo Van der Gijp en Been er toch niet van om te proberen iets nieuws aan het oeuvre toe te voegen.

Vooral als Maarten Spanjer erbij was – of nog erger: Rijk de Gooijer – ontstond er al snel een soort baldadigheid, die zich uitte in de meest merkwaardige stunts. Spanjer herinnert zich een oudejaarsavond in Drachten, waarbij ze ver na middernacht op allerlei keurige woonerven langs de deuren trokken. Wildvreemde Friezen troffen dan tot hun verbazing opeens Mario Been, Maarten Spanjer en René van der Gijp aan op hun stoep. 'We zijn besteld,' loog Spanjer dan, 'hoe laat wilt u dat we met onze act beginnen?' Meestal eindigde het ermee dat Maarten in de huiskamer de driezitsbank aan de kant schoof en zijn wereldberoemde imitatie deed van 'een oude duif die omhoog wil vliegen, het lukt niet, en dan maar probeert te tapdansen', waarna hij als een idioot begon te bewegen, een krankzinnige act waarmee hij op het derde adres desondanks nog vijfentwintig gulden ophaalde. Van der Gijp en Been dronken dan intussen professioneel de koelkast leeg, en staken ongevraagd in de achtertuin het illegale en veel te zware vuurwerk af dat Been uit de Rotterdamse haven naar het doorgaans zo kalme Friesland had laten smokkelen.

'Dat vuurwerk van ons was zo illegaal dat het leek of Saddam Hoessein die avond Drachten binnenviel,' zegt Been in De Olijfboom, met alweer zo'n Gijpiaanse overdrijving.

De rest van de avond wordt gevuld met dit soort anekdotes. Elke keer wordt er geproost op Daniëlle, op René, op Nicky. Hoofden worden geschud als het er weer even over gaat, details en herinneringen gedeeld. Iedereen maakt zich zorgen, iedereen vraagt zich af of het allemaal wel goed gaat komen, maar niemand gaat er al te diep op in.

Het was een zware middag. Het is nu tijd om stoom af te blazen. De sterke verhalen overheersen. Een passender eerbetoon aan hun treurende vriend is er ook even niet te bedenken.

Schuldgevoel

-Heb je steun aan anderen?

'Jawel, al zeggen de meeste mensen allemaal hetzelfde tegen mij. In de supermarkt, op straat, in de krant, overal zeggen ze: "Nou René, je leven gaat nu heel erg veranderen, hoor."

-Is toch ook zo?

'Ja, natuurlijk. Maar dat weet ik zelf ook wel. En ik sta daar ook niet van te kijken. Ik heb namelijk nooit gedacht dat mijn leven tot aan mijn 85ste precies zo zou blijven als het was. En weet je wat ze ook zeggen?'

-Nou?

'Zoek het niet bij jezelf.'

-Ja?

'Ja. Zeggen ze ook allemaal. Maar dan denk ik: bij wie moet ik het dan zoeken? Natuurlijk zoek ik het bij mezelf. En natuurlijk heb ik een schuldgevoel. Dat zou toch iedereen hebben?'

-Waarover heb je precies een schuldgevoel?

'Ik had haar natuurlijk moeten oppakken en moeten meesleuren naar het Erasmus MC. Ik had haar gewoon bij Caspertje naar binnen moeten rijden, of ze nu wilde of niet. Maar dat heb ik niet gedaan. Ik zocht het in andere dingen. Een appartementje in Scheveningen. Meer geld. Een nog grotere auto.'

-Je hebt je best gedaan.

'Het was een langzame zelfmoord. Een fles Bacardi per dag. Zeventig sigaretten. Een handje Advil pijnstillers. Kom op, hé. Dat kon dat lichaampje gewoon niet meer aan.'

Vrijdag 11 maart 2016, 10:24 uur

Huize Van der Gijp, Dordrecht

Het is de ochtend na de crematie. Liverpool heeft Manchester met 2-0 verslagen. In Dordrecht zwaait de deur van zijn bungalow open. 'Hé Harry, kom erin.'

In de huiskamer staan een filmploeg van RTL7 zwijgend in een hoek, aan tafel zit Johan Derksen in het niets te staren. Nicky voetbalt in de tuin. Hij werkt zo te horen aan zijn wreeftrap.

De bedoeling is dat Johan Derksen straks zijn tafelgenoot interviewt over de gebeurtenissen van de afgelopen dagen. Dat filmpje wordt dan vanavond in de uitzending getoond, zodat Van der Gijp een week later weer geruisloos kan aanschuiven en er in het programma verder geen woord meer aan hoeft te worden besteed.

Er wordt in de huiskamer eerst wat over voetbal gesproken, zoals altijd. De toon is ontspannen, ook zoals altijd, maar iedereen voelt de donkere wolk die boven de tafel hangt. Van der Gijp eet een koekje, Derksen niet. Hij is weer eens op dieet. 'Johan heeft zijn eigen Ramadan,' had Van der Gijp een paar weken eerder gezegd, toen er nog geen vuiltje aan de lucht leek in zijn leven, 'die is al zo lang met zijn privéhongerstaking bezig, nog een paar weekjes, dan zit hij weer op zijn geboortegewicht.' Maar nu worden er weinig grapjes gemaakt. De maag van Derksen rommelt als een cementmolen. Het komt zijn humeur allemaal niet erg ten goede. En dan maakt de regisseur ook nog een klassieke fout door de indruk te wekken Johan Derksen een suggestie aan de hand te willen doen voor de opname van straks. 'O, maar ik ga hier geen schijtlollige toneelstukjes opvoeren, als jij dat soms denkt. Ik blijf gewoon mezelf hoor, kom op zeg. Ik ben Ivo Niehe niet.' Net voordat hij de klassieker 'ik ben toch geen clown?, ik heb toch geen flapschoenen aan?' eruitgooit, realiseert hij zich dat dit misschien niet het moment daarvoor is.

Even later staan de twee mannen tegenover elkaar in de doodstille huiskamer. Het enige geluid dat je nog hoort, komt uit de tuin. Nicky. In zijn Feyenoord-trainingspak uiteraard. Met een Feyenoord-bal. Binnen volgt een gesprek.

Van der Gijp tegen Derksen: 'Om zeven uur 's ochtends gaat mijn telefoon en Nicky schreeuwt: papa, papa, ze zijn mama aan het reanimeren! Je denkt: wat is dit? Nicky heeft later aan mij verteld: papa, je hebt maar twee dingen gezegd. Goddverdomme en Jezus Christus. Toen ben ik in mijn auto gesprongen. Binnen twee, drie minuten was ik er. Daar stonden al twee ziekenhuiswagens voor de deur en er waren agenten binnen. Er was niets meer aan te doen. De mensen van het reanimatieteam zeiden: ze zal rond twee uur, half drie overleden zijn. Het was acht uur toen ze dat zeiden...

Nicky had het eerste uur vrij. Hij hoefde pas om half tien naar school. De wekker ging af maar werd niet uitgedrukt. Toen is-ie gaan kijken. Toen vond-ie haar. Dat zijn allemaal dingen... Hij heeft nog met zijn moeder lopen slepen. Leg haar op de grond, hadden ze over de telefoon gezegd. Daarna heeft hij de voordeur opengedaan en is in de kamer gaan zitten.'

-Maar hoe trof je Nicky aan?

'Ja... Totaal, ja... , helemaal, ja... waanzinnig... '

-Is dit een heel harde, confronterende wijze om er achter te komen dat wij onzin uitkramen in zo'n programmaatje, dat het nergens over gaat?

'Nee, natuurlijk. Aan de andere kant: die kleine ligt gisteren weer naar Liverpool-Manchester United te kijken en ik zit dan hier te kijken, en we hebben het er een beetje over. Hoe speelt Depay, dat soort dingen. Dus het is ook weer een afleiding, dat gekke voetbal. Zeker voor hem. Hij kan bij wijze van spreken die wedstrijd nog zes keer bekijken.'

-Het gekke is, ik proefde bij jou: jij had plotseling een vader-instinct. Dat heb je eigenlijk nooit zo gehad.

'Nee, zeker niet, Johan, maar het is bij mij wel zo. Iedereen komt met dooddoeners. Gisteren bij de crematie, maar ook als ze bellen en appen. Jouw situatie zal wel heel erg zijn veranderd? Ja, maar ik bereid mij iedere dag wel voor dat mijn situatie ingrijpend zou kunnen veranderen. Zelfs de dood van Daan, daar heb altijd van gedacht: alles kan gebeuren. Mijn dood, jouw dood. Als het dan zo ver is, moet je ernaar handelen.'

-Jij bent een man die kijkt alles op tv, gaat om vijf uur naar bed... maar straks moet je om vijf uur op.

'Ja maar luister, ik heb hem nu vijf dagen bij me. En hij lult tegen je aan, hij is bezig... Normaal lig ik te slapen, maar hij maakt me wakker. Ik heb al een paar keer gehad dat ik *Pauw* niet heb uitgekeken, omdat om half twaalf mijn oogjes dichtvallen. Terwijl ze normaal dan pas opengaan. Maar ik heb al zo vaak over René van der Gijp nagedacht, dat ik daar ook wel klaar mee ben. Zoek het lekker uit. Ik ben 54. Ik ga de komende tijd voor die kleine zorgen en verder leuke dingen doen. Rot op. Ik heb leuk werk. Kost me geen moeite... En die kleine moet maar zien wat-ie doet. Hij mag thuisblijven, maar hij mag ook mee naar de uitzending. Laten we alleen uitkijken dat hij over twee jaar niet opeens aan tafel zit. Datie zegt: ouwe, blijf jij maar thuis, ik ga wel. Want hij ziet en hoort alles en is er net zo dol op als wij het zijn.'

-Je gaat er maandag weer zitten. Is dat ook een soort therapie voor je?

'Nee.'

-Je hebt geen moeite met het praten over voetbal?

'Nee, ik zou er wel verschrikkelijk veel moeite mee hebben als ik tien uur per dag werk deed waar ik een hekel aan had. Maar ik heb hier zoveel plezier in en het geeft me zo'n goed gevoel... Nicky heeft dat ook. Ik zei: zullen we een weekje vrij nemen, een weekje naar Scheveningen? Of naar Parijs rijden? Nee, hij wilde gewoon naar school. Dus dat gaan we gewoon doen.'

Kijken

'Weet je wat ik wel heb?'

-Nou?

'Als ik het nu over zou mogen doen, was ik die ochtend nog wel naar boven gelopen om naar haar te kijken.'

-Waarom?

'Omdat dat het heel tastbaar maakt. Nu is het ongeloof nog zo groot. Gisteren stond ik voor dat bed. Ik heb nog gekeken of ik iets geks zag aan het beddengoed of zo. Maar niks. Gewoon verdwenen, van het ene op het andere moment. Onbegrijpelijk.'

Vrijdag 18 maart 2016, 20:30 uur

Media Park, Hilversum

René van der Gijp heeft vijf stappen in de gang van het studiocomplex gezet, wanneer regisseur Jos Maathof hem in het voorbijgaan een fles whisky in de handen duwt. 'Dat is lief van je, ouwe reus,' zegt hij. Daarna stapt hij de vaste kleedkamer binnen en blijft met zijn oog gelijk hangen aan Wieke en Escha, de enige twee vrouwen die worden gedoogd in de machowereld van *Voetbal Inside.*

'Meisjes!', roept Van der Gijp, iets te hard om het vermoeden weg te nemen dat hij wat nerveuzer is dan normaal, 'alles goed?'

Daarna gaat hij met het gebruikelijke kabaal zitten op zijn gebruikelijke plek op de bank. Nicky komt naast hem zitten en is al snel met Hans Kraay jr. in gesprek. Over voetbal uiteraard, want iedereen doet hier alsof er niets is gebeurd, zoals altijd.

Vijf minuten voor aanvang komt ook Wilfred Genee binnen. Hij zegt nooit gedag, maar begint altijd gelijk te praten. Meestal over zichzelf en ik elk geval nooit over het programma, maar dit keer is het anders. Nu lijkt zich toch zowaar iets unieks aan te dienen: de eerste werkvergadering in de lange historie van het voetbalpraatprogramma. Die bestaat uit zes zinnen.

'Wat gaan we straks doen, René?', vraagt Genee.
'Hoe bedoel je?'
'Als we het programma straks openen. Wat gaan we dan doen?'
'Nou, gewoon: normaal. We gaan lekker normaal doen.'

Een paar minuten later, direct na de begintune van Danny Vera, is het zover.
'Hoe gaat het met je?', vraagt Genee.
'Nou ja, ik kan moeilijk zeggen dat ik in de lekkerste tijd van mijn leven zit natuurlijk, maar kom op hè. Ik ben alleen al blij dat het lekkere weer eraan komt en zo. Anders wordt het allemaal nog triester.'

Als Genee vraagt hoe het nu verder moet met de uitzending, herhaalt Van der Gijp wat hij net in de kleedkamer al heeft gezegd.
'Laten we nu alsjeblieft gewoon normaal blijven doen.'
'Ja? Over triviale dingen praten?'
'Ja, triviale dingen.'

Daarna ontspint zich een uitzending zoals alle andere, en is verder aan niets te merken wat er de afgelopen tijd allemaal is gebeurd.

Als Van der Gijp die avond opgelucht thuiskomt, wacht hij eerst tot Nicky is vertrokken naar diens in alle haast met voetbalshirts behangen slaapkamer. Dan schenkt hij een whisky in, gaat met z'n iPad op de bank zitten en leest 'n e-mail. Een mevrouw uit Strijen betuigt haar medeleven en bericht openhartig over de laatste maanden van haar man. Ze schrijft onder andere:

> Ik weet hoe het voelt. Ik ben zelf sinds anderhalf jaar weduwe en heb ook een zoon. Als collega's aan me vroegen hoe het voelde kon ik het ze niet uitleggen.
> Ik zei altijd het is zo'n ongelooflijk gemis, maar ik kan geen woorden vinden die uitdrukken hoe het voelt.
>
> Wij als gezin keken op vrijdag en maandag altijd naar VI. Het ultieme vrijdaggevoel. Werkweek achter de rug, kop koffie met een Grand Marnier en dan gezellig samen naar VI kijken en genieten van de azijnpisser Johan Derksen, de schaterlach en gevatte opmerkingen van u en natuurlijk ook van de andere aanwezigen.
> Maar vooral tijdens het 2-jarig ziekbed was VI een mooie afleiding, hij genoot er zo van. Wat voelden we ons gelukkig met zoiets simpels.
> Ook nu ik alleen ben probeer ik dat vrijdagavondgevoel steeds weer te herbeleven door steevast naar VI te kijken, ik sla geen week over.

Tijdens de chemokuren luisterde mijn man altijd met een koptelefoon naar muziek en las ondermeer het boek "Gijp". Dus ook tijdens de chemobehandelingen wist u een glimlach op Marcels gezicht te toveren. En hij was niet de enige. Diverse keren zag ik dat iemand uw boek in handen hield tijdens hun infusie.

Tijdens de laatste weken van het ziekteproces van mijn man had hij nog kleine doelen in zijn leven. Een van die doelen was het kijken naar VI. Op maandag hoopte hij de vrijdag nog te halen en andersom ook. Wij keken samen op bed, ieder met onze eigen iPad, naar het WK voetbal. Tijdens de laatste wedstrijd van Nederland werd Marcel gesedeerd, deze wedstrijd heeft hij dus niet meer meegekregen, evenals de Tour de France.

Ik wens u en uw zoon alles toe wat een mens maar nodig heeft om met deze situatie te kunnen omgaan.

Een meelevende groet,

Coraline Konijnenburg-Westerterp

Er zijn nog veel meer mails. Onderuitgezakt op de bank leest hij ze allemaal. De enige keer dat hij beweegt, is wanneer hij naar het kleine drankenkabinet loopt dat naast zijn kast staat, en waarin achter mooie glazen deurtjes een stuk of vijftien flessen whisky geduldig wachten op ontkurking, of naar de keuken voor wat extra ijs.

Beste René

Ik kwam je gisteren tegen toen je met je zoon aan het shoppen was bij de Zara. Je deed de middel van de broek om je nek en zei dat het dan moet passen. Ik moest er om lachen. Het greep mij aan hoe je daar zo liefdevol met je zoon aan het shoppen was. Ik dacht er de hele dag aan. Ik wil je zeggen dat je een goede vader bent. Ik wil je veel kracht toewensen met het verwerken van je verdriet. En bemoedigen met de nieuwe situatie met je zoon. Want nu ben jij opeens de enige waar hij op kan terug vallen. Maar je hebt meer in je mars dan je denkt. Ik geloof in Jezus. Dat hij de bron is waar ik alles bij kan halen. Troost, wijsheid, liefde... alles waarin ik tekort schiet vult hij aan. En daar zegen ik je mee. Dat je mag weten dat je er nooit alleen voor staat.

Vriendelijke groet,
Jasmijn Poldervaart

Geld

-Voor Giorgio, de zoon van Daan, heb je nu een huis gekocht.

'Ja, natuurlijk. Hij moet toch ergens wonen? Dus ik help die jongen. En ik hoop maar dat-ie snel een goede baan heeft, zodat hij verder zichzelf kan helpen in het leven. Ik moet overigens wel altijd lachen om de mensen die dan zeggen: ja, als ik jouw kapitaal had gehad, had ik het ook allemaal zo gedaan. Dan denk ik: ja, dat is wel makkelijk gezegd.'

-Je bent makkelijk met geld.

'Ja, volgens mij ook. Het is voor mij geen leidraad in mijn leven. Ik kan er ook makkelijk afstand van doen.'

-Er zijn ook mensen die steeds gieriger worden naarmate ze meer geld hebben.

'Heb ik geen last van. Ik deel het ook graag. Het gaat mij goed, maar ik vind het wel fijn als zo veel mogelijk andere mensen uit mijn omgeving daar ook van profiteren. Dat heb ik altijd wel gehad. Het geeft mij een lekker gevoel.'

Woensdag 27 april 2016, 13:26 uur

Huize Van der Gijp, Dordrecht

Het is bijna twee maanden na de dood van Daniëlle. In Dordrecht doet Nicky de deur open. 'Hoi,' zegt hij. 'Kom binnen. Mijn vader is nog even boodschappen doen.' Op z'n sokken gaat hij vóór, richting de smetteloze woonkamer. Daar kruipt hij op de bank met zijn iPad. Nicky bestudeert dagelijks de berichten op de voetbalsites zoals een rabbijn de Talmoed. Er wordt niet één letter overgeslagen.

-Hoe gaat het, Nick?

'Ja, gaat wel hoor. Bedankt.'

-Ja?

'Ja hoor, gaat wel.'

-En op school?

'Ja, goed hoor.'

Hij heeft vandaag een zwart T-shirt aan. Rustaaagh! staat erop, een uitspraak van de vroeg eenentwintigste-eeuwse filosoof Tommy Beugelsdijk. Het is een tijdje stil in huis. Af en toe blaft een van de honden naar een langsvliegende vogel in de tuin, dat is alles. Pas na een tijdje verbreekt Nicky de stilte: 'Vanavond is er Champions League.'

-Wie speelt er ook alweer?

'Atlético tegen Bayern.'

-O ja.

'Ik denk dat Atlético dat wel wint. Jij?'

-Ik weet het eigenlijk niet.

'Ja. Atlético wint.'

-Oké.

'Die verdediging van die Spanjaarden is... Oh, daar is papa al.'

Buiten gaat het hek open. Er rijdt een grijze Smart het tuinpad op. Die is nieuw. Van dit type zijn er maar twee in Nederland. Volgens de overlevering gaan ze in een oogwenk harder dan 190 kilometer per uur. 'Die kon ik niet laten staan,' zal de heer des huizes later zeggen. Nu stapt hij met twee boodschappentassen zijn eigen woonkamer in.

'Nou Harry,' zegt hij, 'dat leventje van mij heeft ook niet stilgestaan, hè?'

Nicky is van de bank af gegleden en naar zijn vader gelopen en staat nu even met zijn arm om diens schouder te zwijgen. 'Kom op, ouwe pik,' zegt de oudste Gijp na een tijdje, en hij tikt zijn zoon op zijn buik, 'ik heb lekkere broodjes voor ons gehaald.'

Even later voert hij anderhalve ons dungesneden rosbief aan Ivy en Romy, de twee honden, smeert een berg kadetjes, ruimt de koelkast met militaire precisie in, maakt de keuken weer

snel brandschoon en gaat dan aan tafel zitten, waar hij de hele tijd kruimeltjes wegveegt die er helemaal niet liggen.
'Ik reed net bij mijn moeder weg, met wie het trouwens krankzinnig slecht gaat, en toen dacht ik achter het stuur van het Smartje: nou, er is genoeg gebeurd de afgelopen tijd. Sanny kanker, mijn moeder slechter en slechter, Daan dood... En dan zijn er nog steeds mensen die denken dat ik me thuis daadwerkelijk zit op te winden over scheidsrechter Makkelie.'
Een hap van zijn broodje.
'Dat ik woedend de tuin in ren, elke keer als hij een onterechte strafschop geeft.'
Een grote slok melk.
'Nou, ik kan je vertellen: dat is niet zo.'

Even later. Het is stil in huize Van der Gijp. Alleen de slapende honden maken af en toe een smakkend geluid vanaf de bank. Nicky is in de achtertuin aan het hooghouden. Nu komt alles eruit, in één lange monoloog.
'Ik heb nagedacht, maar weet je wat het nu is?', zegt hij, 'Daniëlle stelde zich zo dienstbaar op aan iedereen, dat ze om elf uur 's avonds zelf uitgeput op de bank zat. Zo ver liet ze het komen. Ze had niet door dat ze zelf een grens moest trekken, omdat de ander dat niet deed. Ze ging maar door. Het is natuurlijk niet normaal dat iemand van 46 jaar over zichzelf zegt: ik ben op. Daniëlle is door heel veel mensen gebruikt als een sapcentrifuge. Ze heeft zich net zo lang laten uitpersen, tot ze het begaf.

Tuurlijk, ze dronk best veel, maar aan de andere kant:

Gascoigne drinkt meer. En ze rookte wel krankzinnig veel, maar er zijn mensen die haar overtreffen. En ze nam wel elke dag medicijnen, maar er zijn ook mensen die voor de gezelligheid zeventig pillen per dag slikken. Nee, ze is ten onder gegaan aan totale vermoeidheid, daar ben ik van overtuigd. Het is de laatste jaren gewoon een uitputtingsslag voor haar geweest, dat leventje. Ze heeft een week voor haar dood nog een vriendin gebeld en gezegd: ik kan gewoon niet meer. Wij hebben haar sterker ingeschat dan ze was. Op een gegeven moment was ze elke dag aan het overgeven, gewoon van de spanning, van het niet lekker in de wedstrijd zitten.

Ik heb daar een enorm schuldgevoel over. Omdat ik het voor mijn ogen heb zien gebeuren. Ik heb toch gezien dat ze de afgelopen jaren niets meer aan zichzelf deed, dat ze zich niet meer opmaakte, alleen nog maar in trainingspak door het huis schuifelde of op de bank zat te roken? Ik heb nagelaten op tijd in te grijpen. Ik merkte dat ze niet meer echt aan het leven deelnam en de hele dag maar binnen zat, maar ik heb er niets aan gedaan.

Natuurlijk heb ik haar op andere gedachten proberen te brengen. Ik heb het vriendelijk geprobeerd, ik heb op boze toon tegen haar gesproken, ben kwaad geworden, heb hulp van anderen ingeroepen, maar niets hielp. Als ik had geweten hoe slecht ze zichzelf verzorgde, dan had ik haar in een auto gedouwd, vastgebonden en met 200 kilometer per uur naar Casper gereden. Godverdomme, man. Maar ik wist het niet.'

Hij staat op en loopt richting zijn slaapkamer. 'Wacht effe, ik heb een fotootje... ' Bij terugkeer legt hij een portret van Daniëlle op tafel. 'Dit is zes jaar gelden, toen ze net veertig was. Ziet ze er toch goed uit? Maar de laatste jaren leek ze eerlijk gezegd wel zestig. Het was of ze in een paar jaar tijd twintig jaar ouder was geworden. Bizar.

Daan was waanzinnig bang voor alles wat met artsen, ziekenhuizen en tandartsen te maken had. Waarschijnlijk liep ze daardoor al heel lang met pijnen rond. Dat kan niet anders. Ze heeft waarschijnlijk al maanden lang die maagbloeding gehad. Dat is een eerste teken. Als je dan direct naar het ziekenhuis gaat, is er nog genoeg aan te doen, zei Caspertje. Maar als je ermee blijft doorlopen, gaat er binnen van alles mis.'

Minder

'We missen haar nog steeds heel erg, man, Nicky en ik.'

-Natuurlijk.

'En ik kan me niet voorstellen dat dat ooit minder wordt.'

Woensdag 27 april 2016, 14:43 uur

Huize Van der Gijp, Dordrecht

Nicky is binnengekomen en smeert nu boterhammen in de keuken. Twee keer komt hij op zijn sokken de woonkamer in om zijn vader zwijgend te omhelzen. Daarna gaat hij weer verder met smeren.

'Daniëlle zei altijd dat Nicky heel erg is zoals ik. Als hij bijvoorbeeld van twaalf tot vijf op de verjaardag van een vriendje was geweest en hij kwam thuis, dan liep-ie in één rechte lijn door naar z'n kamertje en ging-ie tot half negen op bed liggen. Dan moest alles even zakken in dat bolletje. Dat heb ik ook. Wat dat betreft heeft hij het hier wel lekker. Tijdens de vakantie was er twee dagen lang een vriendje hier, daarna ging hij twee dagen bij dat vriendje slapen, toen op maandag met weer een ander vriendje mee naar Walibi, en dan heeft-ie echt dinsdag, woensdag en donderdag nodig om bij te komen. Dan hoef ik niet tegen hem te zeggen, zullen we morgen naar Blijdorp rijden, pik? Dan zegt-ie: nee, geen zin in. Heeft-ie van mij. Als-ie heeft gevoetbald en hij komt om vier uur thuis, dan gaat-ie tot zeven uur op bed liggen met z'n iPad. Zit in de familie. Hij is niet hyper, zullen we maar zeggen. Geen ADHD-jongetje. Eerder het tegenovergestelde.'

Nicky hoort het allemaal niet. Hij is het laatste voetbalnieuws aan het uitpluizen. Hij heeft eerst verteld dat Kelvin Leerdam waarschijnlijk bij Vitesse blijft, dat Peter Bosz waarschijnlijk de nieuwe trainer van Ajax wordt en dat Nicklas Bendtner is weggestuurd bij VfL Wolfsburg, en hij bestudeert nu het laatste nieuws op Feyenoord.nl met een ernst alsof het de aandelenpagina van de *Wall Street Journal* is. Aan de tafel schudt René van der Gijp nog maar eens zijn hoofd.

'Twee dagen nadat het gebeurd was, werd ik gebeld door een man. Of ik die avond even naar de kantine van een of andere amateurclub kon komen, om er een prijs uit te reiken. En of ik er dan gelijk een leuk verhaal bij kon vertellen. Hoefde niet lang te zijn, zei die man nog. Een uurtje was prima. En dat je zo iemand dan nauwelijks kunt uitleggen dat je hoofd daar op het moment niet zo naar staat, amper twee dagen nadat het allemaal gebeurd is. Vreemd, hè?'

Toch is het dit soort mensen dat hem deed besluiten om zo snel mogelijk weer terug te keren aan de stamtafel van *Voetbal Inside*. 'Ja, weet je waarom? Omdat ik ben gaan beseffen dat die onzin van ons voor heel veel mensen veel meer betekent dan je soms denkt. Sommige mensen vinden er echt troost in. Vooral de laatste tijd merk ik dat. Aan de mails die binnenkomen. Aan de mensen met infusen die in het publiek zitten, die ondanks alles toch nog een uitzending willen meemaken. Aan de complete ziekenhuisbedden die we soms in de kleedkamergang aantreffen. Nog even en we kunnen beter vanuit Lourdes gaan uitzenden, in plaats vanuit Hilversum.'

Hij geeft zomaar een voorbeeld, van een paar weken terug.

'Ik ga na de uitzending op de foto met een meisje van een jaar of zeventien. De volgende dag krijg ik een mailtje van dat meisje, waarin ze schrijft dat haar vader altijd zo van het programma had genoten, maar dat hij een paar jaar geleden zelfmoord had gepleegd. En dat ze zichzelf had voorgenomen om op zijn sterfdag met mij op de foto te gaan. Ook een beetje als eerbetoon aan hem. Dat is toch heel bijzonder?'

'Hé, pap... ,' zegt Nicky.

'Ja, pikkie?'

'Weet je wie Bayern München wil aantrekken?'

'Geen idee, lieve jongen.'

'Mats Hummels, van Borussia Dortmund.'

'Is een goed spelertje hoor.'

'Is zeker een goed spelertje,' zegt Nicky.

Van der Gijp: 'Ik krijg de laatste tijd steeds vaker van zulke mails. Van mensen die op het punt staan te overlijden, op hun laatste benen lopen. Een tijdje terug belde Caspertje nog. Hij had die middag iemand moeten vertellen dat hij niet lang meer te leven had. Nadat die man van de eerste schrik was bekomen, zei die dat hij nog zo graag zijn boek door mij wilde laten signeren. Hij had het ook al de hele tijd bij zich in het ziekenhuis. Op elke afdeling lag die kop van mij op het nachtkastje. Toen zei ik: Cas, ik rij wel effe langs.

Toen ik binnenkwam, hadden ze hem net van de Intensive Care gehaald. Ik zweer het je: die man leek op slag wel twintig jaar jonger. Hij knapte helemaal op. Dus ik dat boekie getekend, praatje gemaakt, met de zustertjes op de foto, zegt die man: ik zou zo graag nog een keer naar het programma gaan. Dus dat hebben we gelijk geregeld. Caspertje heeft een speciale auto van Feyenoord laten rijden en vorige week kwam-ie met zijn hele familie binnen. Was prachtig. Zegt die man bij het weggaan: "René, bedankt voor alles, en schrijf nog even je adres op voor mijn vrouw, dan zorgt zij ervoor dat je binnenkort een kaartje krijgt als ik straks dood ben." En daarna zie ik hem lachend de deur uit gaan. Dat is toch ook bijzonder, hè pikkie? Of niet? Door dat soort verhalen wilde ik er snel weer zitten. Ik wilde die mensen niet in de steek laten. Ik zit er voor het publiek.'

'Pap... ,' zegt Nicky.

'En vooral voor zo'n meisje wier vader zelfmoord heeft gepleegd en die daardoor effe niet zo lekker in de wedstrijd zit. Je zit er ook om het zo'n iemand een keer een avondje naar de zin te laten hebben. Meen ik echt.'

'Pap... '

'Ja, pikkebaassie?'

'Weet je in wie Feyenoord interesse heeft?'

'Vertel.'

'Steven Berghuis.'

'Nee!'

'Jawel. Bij Watford speelt hij natuurlijk bijna niet.'

Van der Gijp: 'De meeste mensen voorspellen dat het wel slijt. Dat je er in de loop der jaren beter mee leert leven. Nou, daar ben ik nog niet zo van overtuigd. Ik denk dat dat misschien geldt wanneer mijn moeder overlijdt, omdat je dan misschien denkt: het is ook wel leuk geweest, voor dat mensje. Maar zoiets, met Daan? Bah... Ik denk dat ik mijn hele leven zal blijven malen, mijn hele leven zal denken: verdómme, zo zonde...'

Casper belt elke dag, maar dat doen we ons halve leven al, dus dat is niets bijzonders. Het fijne is dat hij heel goed aanvoelt wanneer hij erover moet beginnen of niet. Hij hoort vanzelf hoe ik eraantoe ben, daar heeft hij een sterk ontwikkeld oor voor. Als het goed gaat, laat hij het lekker zo, dan hebben we het er niet over. En als ik even uit vorm ben, dan valt hem dat op en gaan we er iets aan doen. Maar hij wekt dus nooit iets op. Dat is fijn, want dat hebben niet alle mensen. Mariootje hoor ik altijd als hij in het weekend bij Fox wegrijdt. De rest spreek ik ook geregeld. Nee, ik heb goede vrienden. En een goede werkgever. RTL heeft me perfect gesteund, in alles.'

'Pap... '

'Ja, jongen?'

'Koeman gaat waarschijnlijk met Van Gaal een ruil doen.'

'Ja?'

'Ja. Memphis voor Mané. En dan wat geld erbij.'

'Oké, ouwe reus.'
Van der Gijp: 'Ik heb niet zo'n last van de reacties van mensen hoor. Ik stel me erop in. Als ik naar de supermarkt ga, of naar het stadion, dan roept dat iets op en dat weet ik donders goed. Daar moet je je aan overgeven. Daar heb ik geen moeite mee. De meeste mensen voelen wel aan dat ik niet zo'n behoefte heb om er de hele dag met vreemden over te praten. Het Gall & Gall-mannetje heeft wel een lief appje gestuurd, maar daar laat hij het ook bij. De mevrouw bij de slager kwam achter de toonbank vandaan om me te condoleren, dat was heel aardig, maar verder hebben we het gewoon weer over de vraag of ik beter rosbief of boterhammenworst kan nemen.'

Op die verdoemde dag, een paar uur na het paniekerige telefoontje van Nicky, met een leeg bed op de eerste verdieping en de map van de begrafenisondernemer op de salontafel, waren vader en zoon een broodje gaan eten in de stad. Op weg naar het restaurant van de HEMA stonden ze in de lift met een lange man in een overall die een telefoonnummer intoetste.
'Hallo,' zei de man tegen iemand aan de andere kant van de lijn. 'Ik sta in een lift.'

De wenkbrauwen van Van der Gijp schoten voor het eerst die dag geamuseerd omhoog.
'Ik ga er zo uit.' En daarna hing hij op.
Toen kon hij zich niet meer inhouden. Ook in het diepst van

zijn ellende bleek Van der Gijp nog vatbaar voor de tragikomische kant van het leven.
'Zo,' zei hij tegen de man, 'die kan ook beter even een uurtje in bed gaan liggen, na zoveel informatie.'
Nog meer dan vroeger ziet hij deze dagen het absurde van het leven in, heeft hij gemerkt. 'Waarschijnlijk omdat het zo onwerkelijk is om te worden wakker gebeld en dan een uur later een bus met twee zwarte vlaggetjes te zien staan, waar dan twee mannen in een zwart pak uit komen, die naar boven gaan, haar op een brancard leggen, in een auto schuiven en wegrijden. En dat is het dan. Zo onwerkelijk.'

Die dag, terug van het HEMA-restaurant, zocht Nicky wat kleren bij elkaar, stapte in de Smart en reed met zijn vader zijn nieuwe huis tegemoet. 's Avonds was er bezoek. Marco 'Marcootje' Louwerens, de zenderdirecteur van RTL, Casper van Eijck, Mario Been en nog een paar mensen. Zelfs Maarten Spanjer kwam die avond uit Amsterdam over. Met de scooterbob, want hij is nachtblind. Er werd tot diep in de nacht whisky gedronken.

'Het is een vrij ontredderde toestand hoor, waarin je dan verkeert. Zeker de eerste 48 uur. Dan heb je echt het gevoel dat je voeten de grond niet meer raken, dat je elk moment kunt omvallen. Alsof je in een lift staat, die te hard naar beneden sjeest. Dat je denkt: straks lig ik ineens op de grond.

'Zolang je bezig bent, gaat het allemaal wel. Gelukkig eist die kleine veel van mijn aandacht op. En mijn moeder. Daardoor denk ik er niet voortdurend aan. Maar dat geschreeuw van Nicky aan de telefoon, dat zal ik nooit meer kwijtraken. Dat hoor ik nog steeds. En het lullige is: het komt altijd terug wanneer je helemaal alleen bent. Dan ligt die kleine om een uur of elf in bed, pak ik een whisky'tje en ga lekker op de bank zitten, net als vroeger, maar dan begint het. Je gaat malen. Daar doe je niets tegen. Het gebeurt altijd als je even wat rust en stilte om je heen hebt. Ook weleens in de sauna bijvoorbeeld. Bah.'

Oogjes dicht

-Hoe gaat ie?

'Goed man. Om kwart over tien 's avonds vallen tegenwoordig de oogjes dicht. Lekker toch?'

-Ben je nu ook om half zeven op?

'Nee, hoor. Half acht.'

-Zo!

'Even met die kleine ontbijten. Is ook niks mis mee joh.'

-Hoe gaat het met Nicky?

'Goed. Iedereen is lief voor hem. Bijna overdreven lief.'

-Hoe bedoel je?

'Een voorbeeld: Feyenoord belde en nodigde hem uit om de complete selectie te ontmoeten. Dat soort dingen. Mooi hoor. Iedereen wil hem ook overal mee naartoe nemen. Naar Paris Saint-Germain, naar Juventus, weet ik veel waar naartoe. Als-ie niet uitkijkt, zit-ie de hele week in het vliegtuig, in plaats van op school. Terwijl ik denk: hij kan beter af en toe even op bed gaan liggen. En verder moeten we het natuurlijk ook allemaal niet dramatiseren. Iedereen maakt zich maar druk over hoe het nu verder gaat, maar dat komt echt wel goed.'

-Dat denk ik ook.

'Daarom. Zoveel is er nu ook weer niet veranderd. Ik bedoel: ik ben een schoon type, ik heb twee keer per week een schoonmaakster en ik hou het zelf ook een beetje bij. Dat deed ik allemaal al voordat Nicky hier kwam wonen. Sanny werkt in een eetcafé. Daar eten we twee keer in de week. Dan rij ik een keer met Nicky naar Rotterdam en eet daar een pastaatje of een pizza, ik haal een avond kibbeling en ik maak een keer macaroni. Ik bedoel, ik verwaarloos mezelf niet hoor. Ik at voor die tijd ook al regelmatig warm.'

-En Nicky?

'Ja, voor hem gaat er een wereld open. Hij heeft voor het eerst zalm gegeten, oesters, dat soort dingen. Hij moet alles leren eten, toch? Nee, ik geloof dat het wel goed zit. We doen allemaal dingen die hij nog nooit heeft gedaan. Effe een Grieks broodje eten in de stad. Effe naar de Zara rijden en kleertjes kopen. Hij was nog nooit in de Bijenkorf geweest. Ook niet in de Media Markt. Zijn wereld was heel klein. Die wordt nu iets groter. Wij doen niet moeilijk samen. Als het lekker weer is en hij heeft vakantie, dan rijden we op zondag saampjes naar ons appartement in Scheveningen. Dan laten we de hondjes daar en gaan we zwemmen in hotel Des Indes. Vindt-ie leuk. Daarna nemen we een stoombadje, maken een strandwandeling met die hondjes, eten een pizza, gaan lekker slapen en rijden op maandag op ons gemak weer terug. Lekker toch?'

-Zeker.

'Ik rommel maar een beetje aan. We kijken veel voetbal. Dat vindt-ie stiekem natuurlijk wel lekker. Bij zijn moeder was het verplicht *Divorce* kijken, of *De Familie Kruys*. Maar bij mij staat gewoon Azzenal op.'

-En is je bioritme ook al gewend?

'Nou, het is niet meer zo dat ik tot zes uur documentaires kijk. Dat gaat niet meer, want als die kleine om half acht moet opstaan, ga ik er ook uit. Maar stiekem doe ik daarna natuurlijk wel om tien uur even mijn oogjes dicht op de bank, dat wel. Ik ben niet helemaal gek geworden.'

Woensdag 1 juni 2016, 16.45 uur

Restaurant Kaat Mossel, Rotterdam

Op het trottoir voor het terras van restaurant Kaat Mossel staat een krantenverkoper met een gebit als een middeleeuwse ruïne. Onder een scheef en half afgeschoren snor murmelt hij iets onverstaanbaars. 'Is goed, ouwe reus,' zegt Van der Gijp. Daarna graait hij in zijn broekzak en geeft de dakloze een tientje. Het krantje mag hij houden.

Even hiervoor zijn Nicky en hij per Smart gearriveerd. Ze waren lachend uitgestapt en ook lachend het terras op gewandeld, net twee broers op weg naar de kermis. Daarna hadden obers olympische records gebroken om hen te verwelkomen, de hand te schudden en linea recta water, wijn, ijsthee, asperges, calamari, scampi en de beste Iberico ham van het huis neer te zetten.

Eenmaal aan tafel zitten ze weer de hele tijd aan elkaar te plukken, vader en zoon. Ze maken een tamelijk gelukkige indruk.

'Jawel, we redden het wel. Toch? Pik?'

Nicky: 'Jawel. Natuurlijk wel.'

Van der Gijp: 'Ook wel lekker dat hij geen meisje is natuurlijk.'
Nicky: 'Ja.'
Van der Gijp: 'Nee, anders moet je naar ballet.'
Nicky: 'Ja. Of paardrijden.'
Van der Gijp: 'Schei eens uit, zeg.'
Nicky: 'Nee, wij hebben tenminste dezelfde hobby, papa en ik. Lekker voetbal kijken.'
Van der Gijp: 'Het zou niet zo lekker zijn als ik nu thuis de hele dag *Spongebob* op zou moeten zetten. Maar dat is gelukkig niet zo.'

Twee tafels verderop is een zestal Oekraïners aangeschoven, vijf mannen en een vrouw. Om de paar minuten proosten ze. Ze drinken whisky alsof er Goudappeltje op hun fles staat in plaats van Jack Daniel's.

'We hebben de afgelopen dagen het huis van Daan leeggehaald. Ook niet bepaald een fijn klusje, maar ja: het moest gebeuren. Het is nu helemaal gestript, er staat niets meer. We hebben vrijwel alle spullen weggegooid. Ik ben niet iemand die de halve huisraad ter herinnering meeneemt. Heb ik niet nodig. Ik heb één fotootje van ons in de vensterbank staan. Dat is alles. Ook zonder een huis vol aandenkens zullen we Daan nooit vergeten. Toch, Nick?'

Hij is vooral opgelucht dat hij er nu nooit meer hoeft te komen. De eerste keer voelde hij zich er al niet senang, en merkte hij dat Nicky ook niet meer alleen naar zijn eigen kamertje durfde, omdat hij dan de slaapkamer moest passeren waar het allemaal was gebeurd. De tweede keer dat hij er was, zonder Nicky, werd hij zelfs misselijk en moest hij overgeven. Hij heeft nu met het huis in Dordrecht wat Johan Derksen heeft met Elst: hij wil er liever nooit meer in de buurt komen.

De hoofdgerechten arriveren. Het is een welkome afleiding, want Van der Gijp wekt niet de indruk vandaag erg veel zin te hebben in al te diepgravende gesprekken.
'Smakelijk eten,' zegt een wildvreemde mevrouw aan het andere tafeltje.
'Ja, smakelijk eten,' zegt haar al even wildvreemde man.
'Dank je, liefies,' zegt Van der Gijp. 'Gaat lukken.'
Hij roert in zijn pan met scampi in knoflook, rijgt iets aan zijn lepel, blaast een tijdje en houdt de mevrouw nu een dampende garnaal voor haar mond.
'Euh... ,' zegt de vrouw.
'Proef even, lieve schat.'
'Nou... '
'Doe nou, liefie, is echt niks mis mee.'
De vrouw neemt een hap.
'Ja, nou, lekker,' zegt ze.
'Daarom.'

Tijdens het eten wordt er over van alles gepraat, behalve over wat er de afgelopen weken allemaal is gebeurd. Het gaat eerst over de ideale temperatuur voor het buitenzwembad (22 graden), over Matthijs van Nieuwkerk ('ra-zend knap, wat dat mannetje kan'), over auto's ('de Audi TT was lange tijd een vrouwenwagen, maar nu niet meer') en daarna nog maar over drie dingen: voetbal, voetbal en voetbal.

In zijn obsessie voor het spel wordt René van der Gijp in Nederland alleen nog overtroffen door zijn zoon en door überfreaks als Jan Boskamp en Willem van Hanegem, volgens hem de godfather onder de voetbalanalisten. 'Met Willem is het allemaal echt begonnen. Hij heeft met zijn onafhankelijke en eigenwijze analyses de basis gelegd voor wat het nu is.'

De vraag is of dat historisch juist is, maar Van der Gijp heeft nu eenmaal een zwak voor Van Hanegem, ook al onderhouden ze iets wat je als een haat-liefdeverhouding zou kunnen omschrijven.

'Willem was de eerste die liet zien dat het altijd interessant is als de echt grote professionals over hun sport gaan praten, zolang ze zich maar niet geremd voelen. Willem voelt zich niet geremd, hij stelt zich onafhankelijk op. Zijn liefde voor Feyenoord zit hem in sommige gevallen nog weleens in de weg, maar dat is ook wel schattig. In elk geval praat hij er nooit omheen. Veel analisten babbelen wel, maar zeggen niets. Vooral ex-trainers hebben daar last van. 'We vergaten te voetballen,' zeggen ze dan. Of: 'We begonnen niet scherp genoeg.' Allemaal loze kreten, allemaal onbegrijpelijk jargon om te verbloemen dat ze eigenlijk geen idee hebben. Daar heeft Willem gelukkig allemaal geen last van. Die noemt man en paard. Daarom is hij ook zo goed.'

Hij is er oprecht trots op dat hij nog tegen hem heeft mogen spelen, ook al was het in diens nadagen, toen De Kromme al halfblind was en grotendeels op de tast voetbalde. 'Vergis je niet hoor, Willem was toen nog steeds een voetballer om bang van te worden. Zo sterk, maar ook zo goed. Daar keek ik als jong ventje echt tegenop.' Een paar maanden terug, op een golfbaan onder de rook van Schiphol, hadden ze elkaar nog gezien.

'Gijp?', had De Kromme toen aan zijn vaste tafeltje in het clubhuis van De Houtrak gezegd. 'Je kunt op tv altijd goed merken of-ie lekker in zijn vel zit of niet. Als-ie zich niet prettig voelt, gaat-ie praten, praten en praten, zonder dat er een einde aan komt. Het lijkt wel een paniekreactie. Terwijl hij op z'n best is als hij anticipeert. Anderen laten praten en daar dan een heel eigen visie op loslaten.'

Vroeger maakte Willem van Hanegem zelf onderdeel uit van het meningencircus dat *Voetbal International* heette. Tot hij zich begon te storen aan zijn tafelgenoten. Nu ergert hij zich alleen nog thuis vanaf zijn eigen driezitsbank aan hen.

'Die Genee, daar werd ik helemaal gek van, van die gozert. Altijd maar dat gezanik. Over mijn haar, en of ik het nu wel of niet verfde, en of ik nou door een gat in een hek was geklommen bij FC Utrecht. Ik was toch uitgenodigd om over voetbal te praten? Of ben ik nou gek? En die Gijp, daar werd ik ook gestoord van, moet ik zeggen. De hele tijd zat-ie er maar doorheen te schreeuwen en te blèren. Dan dacht ik: rot nou maar lekker op. Dat was ook de reden dat ik niet meer naast 'm ging zitten. Hij ging ook de hele tijd aan je flikker zitten, weet je niet? Soms zou je 'm gewoon een gooi geven. Je kon nooit rustig uitpraten tussen die gasten. Gestoord werd ik daarvan. Toen heb ik gezegd: wegwezen. Daar heb ik geen zin meer in.' Dat was het einde van de analist Van Hanegem bij *Voetbal International*.

Toch klinkt er vroeg of laat vertedering in zijn woorden door wanneer hij over Van der Gijp spreekt, want hij heeft al zijn hele leven een zwak voor hem. 'Hij kan heel grappig zijn, heel gevat. Maar hij moet het niet forceren. Het is beter wanneer het spontaan gebeurt. Het is wel een goed ventje. Ik ken hem al heel lang. Hij heeft er ook wel kijk op, moet ik eerlijk zeggen. Als het over voetbal gaat, vertelt hij niet altijd onzin. Dat doen de meeste anderen op tv wel. Alleen die lach van hem, die herken ik niet helemaal. Die lijkt me aangeleerd, speciaal voor tv. Mensen vinden dat leuk, het zal er wel bij horen. Het is wel een grappig kereltje, moet ik zeggen. Als jullie willen langskomen: je kunt hier zoveel uitsmijters eten als je wilt. Zeg dat maar tegen hem. Ik zit hier toch de hele dag koffie te drinken.'

Vandaar dat Van der Gijp op een dag bij hoge uitzondering zijn TomTom had ingesteld en op weg ging naar de golfbaan in Halfweg. Het was twaalf uur in de middag en amper 90 kilometer rijden, maar voor de bestuurder voelde het aan alsof hij midden in de nacht aan een reis naar Peking was begonnen, toen hij de Porsche Panamera bedachtzaam richting Noord-Holland stuurde.

De eerste auto die René van der Gijp ooit reed was een Datsun van bescheiden formaat, destijds ter beschikking gesteld door zijn al even bescheiden werkgever Sparta Rotterdam, maar zodra hij serieus geld begon te verdienen, kocht hij gelijk zijn allereerste Porsche, die hij contant afrekende met het deels zwarte tekengeld dat hij diezelfde ochtend als kersverse rechtsbuiten van SK Lokeren had ontvangen. Omgerekend zo'n 150.000 gulden in biljetten, volgens de overlevering ter plekke in de showroom overhandigd met de vaak geciteerde zin 'alstublieft, laat u het wisselgeld maar zitten'.

'Het was een rode Porsche. Dat doe je ook alleen als je achttien jaar bent, want normaal gesproken zijn rode auto's alleen voor de brandweer. Maar het was een mooie dag. Ik kreeg mijn geld van Lokeren om half een 's middags en ik was het om half vier diezelfde middag allemaal weer kwijt. Dat vond ik lekker om te doen.'

In de jaren na de rode Porsche is zijn wagenpark alleen maar uitgedijd, want hij kan genieten van een goede auto. Op zijn oprit staan er nu drie. De Panamera voor het langere werk, zijn zeer exclusieve Smart voor naar de Albert Heijn en naar zijn moeder, en een witte Audi Cabrio met een zwarte kap, die hij bij gelegenheid ook uitleent aan vriendinnen.

Toch is hij een conservatieve chauffeur. Achter het stuur heeft hij weliswaar de behendigheid die alle ex-topvoetballers bezitten – zij hebben nu eenmaal een verfijnder gevoel voor tijd en ruimte dan gewone stervelingen – maar mentaal lijkt hij zó uit een jaren vijftig-filmpje van Veilig Verkeer Nederland te zijn overgeflitst. Hij heeft genoeg pk's onder de motorkap om als een raket over de snelwegen te kunnen scheren, maar in werkelijkheid bereikt de wijzer van zijn kilometerteller zelden de 130. Hij vermoedt dat hij in zijn hele leven voor nog geen 150 euro aan boetes heeft betaald. Ook de aanvechting om door rood licht te rijden is hem vreemd, maar dat is misschien zo omdat hij nooit haast heeft en ook zelden ergens precies op tijd hoeft te zijn.

De laatste keer dat hij echt hard reed, was ergens eind jaren zeventig, toen hij midden in de nacht terugkeerde van een feestje van de gebroeders Molenaar, de eigenaren van AZ'67. Hij was achttien jaar, veelbelovend jeugdinternational, en waande zich net zo onschendbaar als alle andere achttienjarigen die net een paar weken hun rijbewijs hebben.

Het was die nacht tegen een uur of half vier dat hij in zijn Datsun richting huis vertrok. Er hing een dichte mist. Het weerhield hem er niet van om met 180 kilometer per uur richting Dordrecht te scheuren. Hij wilde nog een paar uur slapen. De volgende middag moest hij in KNVB-clubkostuum in het vliegtuig naar Frankrijk zitten, waar hij namens Jong-Oranje zou spelen op het internationale jeugdtoernooi van Toulon. Halverwege de rit, ongeveer ter hoogte Alphen aan den Rijn, gebeurde het. Uit het niets botste hij ergens tegenop. Hard.

'Ik schrok me kapot. Het was een behoorlijke klap. Mijn voorkant zat ook aardig in elkaar. Maar wat het nu precies was? Ik had geen idee. Er was niets te zien. Ik heb mijn auto langs de kant gezet om te kijken wat er was gebeurd, maar ik kon niets ontdekken. Het was pikdonker, dichte mist, je kon geen reet zien. Ik ben nog gaan zoeken. Midden op die rijksweg. "Hallo?" riep ik, "hallo?" Maar ik zag en hoorde helemaal niks. Gek, hè? Toen ben ik maar weer verdergereden. Ik vond het ook een beetje gevaarlijk worden, in de mist op die donkere weg.

Halverwege begon die auto rare geluiden te maken. Ik wist niet meer wat ik moest doen en of ik nog kon doorrijden. Toen ben ik richting Den Haag gegaan. Daar woonde Dick Advocaat. Heb ik om half vijf 's nachts aangebeld. Dickie deed open in z'n pyjamaatje, haartjes helemaal in de war. Mooi man. Hij was gelijk uit zijn ledikantje gesprongen. Toen ik vertelde wat er was gebeurd, trok hij zijn kleren aan en reed me in zijn auto naar Dordrecht. Zo is hij. Een wereldmannetje, die Dickie, meen ik echt.

Eenmaal op de Van Brienenoordbrug stond het blauw van de politie. Ze waren al naar me op zoek. Toen ben ik op de achterbank gaan liggen, met een jas over me heen. Het was natuurlijk maar zo'n klein jasje van Dick, maar toch kwamen we erlangs. Eenmaal in de straat bleek de politie al te zijn gearriveerd. Er zaten twee agenten met mijn vader en moeder op de driezitsbank. Het was ook niet erg moeilijk geweest me te traceren. Mijn nummerplaat lag gewoon op de rijksweg.

Bleek ik een bus van *De Telegraaf* te hebben aangereden. Dat ding was in de mist een heel stuk het weiland in geschoten. Daardoor had ik niets gezien. De bestuurder was gelukkig ongedeerd, maar ik moest wel mijn verhaal doen en blazen en zo. Eerst in Dordrecht en later ook nog op het bureau in Alphen aan den Rijn. Toen heeft Dick me gebracht, zodat mijn vader gewoon naar zijn werk kon. Is hij dus tot diep in de middag met mij in de weer geweest. Van Dordrecht naar Alphen aan den Rijn, dan weer naar Dordrecht. Dat deed-ie zonder dat je het vroeg.

De ochtend van de dag erna, in Toulon, werden de kranten bezorgd. Ik stond op de voorpagina van *De Telegraaf*, maar gelukkig wel lekker anoniem. 'Oranjes jeugdinternational René van der G.', stond er. En dat ik was gevlucht na een ongeluk. Kees Rijvers was bondscoach. Die heb ik toen maar even uitleg gegeven. Hij begreep het, geen probleem. Maar ik ben daar wel van geschrokken.

Sindsdien rij ik zelden harder dan 120 kilometer per uur. Ik beschouw die keer in Alphen als een goede waarschuwing. Die fout maak ik niet nog een keer. Ik ben geen ezel. Ik ben geen Ruud Gullit: drie keer trouwen en drie keer alimentatie betalen. Dat heb ik één keer gedaan, maar toen dacht ik toch al snel: nee, dit is niet goed. Niet meer doen.'

Die dag was hij na een uurtje op de bestemming in Halfweg. Binnen, in het clubgebouw, stond Van Hanegem al te wachten. 'Hé Willem,' zei Van der Gijp, toen hij zijn hand in de harige kolenschop van De Kromme liet glijden.
'Dag monster,' zei Van Hanegem.

Eenmaal aan de stamtafel barstten de twee gelijk los. Het ging al snel over voetbal kijken op televisie. Van Hanegem: 'Ik kijk meestal samen met mijn jongste zoon Boy, thuis op de bank. Dan zitten we allebei te schelden. Niet alleen op de voetballers, maar ook op de commentator en op elkaar. Boy zegt dat het voetbal van nu niet meer is te vergelijken met het voetbal van vroeger, omdat alles zoveel sneller is. Maar ik denk vaak: het lijkt alleen maar sneller, door al dat zinloze gedraaf van die spelers. Soms erger ik me wel aan het voetbal, moet ik zeggen. Soms is het ook een uitstekend slaapmiddel. Zeker als de kenners aan het woord zijn, want het merendeel van de analisten op televisie is niet interessant. Als ik word uitgenodigd vraag ik ook altijd eerst wie de andere analist is. Ik ga niet meer naast elke kwibus zitten. Erik Meijer, of Bruggink, of die gozert met dat apparaat, die Van Halst, dat soort types, daar krijg ik gegarandeerd woorden mee. Daar heb ik geen trek in. Dan blijf ik liever thuis. Ga ik wel met Boy bekvechten. Nou moet ik zeggen dat jij ook heel irritant bent aan zo'n tafel, Gijp. Vooral als je de hele tijd aan mensen gaat zitten...

Van der Gijp: 'Nee joh, Willem.'

'... omdat je de hele tijd aan me gaat zitten, maar vooral... '

'Willem! Kom op, hé!'

'... maar vooral dus, en daar werd ik op het einde echt helemaal gestoord van, want... '

'Dat viel toch wel mee, Willem?'

'... nee, want het werd op een gegeven moment heel irritant..'

'Lieverd, doe niet zo gek. Kom op, hé'

'... nee Gijp, het werd gewoon heel irritant, dat ik elke keer onderbroken werd, weet je niet?'

Maar dat was allemaal vroeger. Van enige irritatie is inmiddels niets meer merkbaar. Van der Gijp is, ondanks alle geuite bezwaren, nog steeds heel handtastelijk met Van Hanegem. Hij legt zijn hand regelmatig een tijdje liefkozend te rusten op het gevoeligste linkerbeen van Nederland.

De twee kennen elkaar al heel lang. Al in de tijd dat De Kromme en zijn voormalige schaduw Truus nog hun verbouwde boerderij in Leerbroek deelden, samen met een stel honden, kippen, schapen en allerlei ander vee, kwam de jonge Van der Gijp al over de vloer. Vooral als het over voetbal gaat, wekken ze de indruk nooit uitgepraat te zijn. 'We zijn het niet altijd met elkaar eens, maar onze insteek is wel dezelfde,' zegt Van Hanegem. 'Gijp zit net zo naar dat tv-scherm te kijken als ik: je hoopt dat je iets moois te zien krijgt. Elke keer weer.'

Daarna praten ze snel weer verder over FC Barcelona, want samen hebben ze het slap ouwehoeren over voetbal tot een taalkundige kunstvorm verheven. Het kan desnoods tot aan het ochtendgloren gaan over opkomende backs en de voordelen van het 3-5-2-systeem. Met name Van Hanegem spreekt dan zinnen als experimentele gedichten, onbegrijpelijk voor de leek, zelden of nooit voorzien van een komma of een punt, grammaticaal zo krom als zijn beroemde passes van vroeger, maar altijd rechtstreeks afkomstig uit het hart van een pure liefhebber.

Soms zit je weleens te kijken
dat je denkt van godverdimme
als die gozert nou was gegaan
dan gaat er waarschijnlijk
een mee waardoor
die aan die kant
waarschijnlijk de buitenspelval openzet
of niet
en dan zeg ik weleens tegen Kieft
dan zeg ik
als die gozert nou gewoon meeloop
dan gaat die verdediger automatisch mee
dus terwijl die lijn zo is
dan gaat er hier een diep
die denkt godverdimme
ik laat het gaan want ik staat buitenspel
maar dan heb jij die gozert
weer meegenomen
een aantal meter verderop
waardoor het geen buitenspel is
weet je niet?

Al is het soms ook een stuk minder poëtisch.

'Jij zei laatst iets over Piqué, maar dat is toch een verschrikkelijk goeie voetballer, Willem?'

'Nee, dat is een kuttekop.'

'Nee! Kom op man.'

'Echt waar René, geloof me nou. Zo'n slechte speler... '

'Nee joh, gek!'

'Het is net een giraffe.'

'Nee Willem, even serieus.'

'Wat nou? Ik bén serieus.'

Dat was een paar maanden geleden, toen Daniëlle nog gewoon leefde en alles nog bij het oude was.

Nu zit Van der Gijp met zijn zoon op het terras van restaurant Kaat Mossel achter een sliptong zo groot als een deurmat, terwijl aan de aangrenzende tafel de tweede fles Jack Daniel's wordt aangebroken. De man aan het hoofd is er even bij gaan staan. Het kan nooit lang meer duren of het Oekraïnse volkslied wordt aangeheven. Van der Gijp ziet het allemaal geamuseerd aan. Daarna richt hij zijn aandacht op de binnenhaven bij het restaurant, waar gestroomlijnde jachten hallucinerend kalm op het water van de Nieuwe Maas liggen te dobberen, blinkend in de zon. Er wordt bij hoge uitzondering een tijdje niets gezegd aan tafel. Lijkt het maar zo, of ziet hij zichzelf in gedachten langzaam afdrijven naar een onbewoond eiland? Dan verbreekt Nicky de stilte.

'Pap,' zegt hij, 'weet je met welk middenveld Nederland vanavond tegen Polen speelt?'

Even blijft zijn vaders blik aan de verleidelijk rustige jachten haken. Dan draait hij zijn hoofd om, aait met zijn hand over Nicky's haar en knijpt 'm lachend een paar keer zachtjes in zijn nek.

'Zeg het eens, lieve jongen.'

Analist

-Vindt Nicky het leuk om elke keer met zijn vader naar z'n werk te gaan?

'Ja hoor. Soms blijft hij alleen thuis om te gamen, maar liever gaat-ie mee naar de uitzendingen. Voor mij ook gezellig. En handig, want onderweg praat hij me bij. Hij weet alles. Ik heb hem zelfs een soort baantje of stage bezorgd. Hij wil later graag sportcommentator worden, dus nu heb ik geregeld dat hij Leo Driessen mag helpen met de voorbereiding op een Europa League-wedstrijd. Zoekt-ie effe alles op over FC Basel of Montpellier of zo. En dan gaat-ie 's avonds controleren of Leo wel genoeg van zijn info gebruikt in het commentaar. Mooi man. Het liefst zou-ie gewoon over een paar jaar op mijn stoeltje gaan zitten in dat programma.'

-Analist zijn, kun je dat eigenlijk leren?

'Nou, je moet er natuurlijk een beetje gevoel voor hebben, maar je kunt het wel ontwikkelen. Heb ik ook gedaan. Ik beschouw het als een vak en elk vak moet je leren.'

-Analyseer jij als voetbalanalist nu ook de andere voetbalanalisten?

'Tuurlijk. Vooral de jongens die denken dat ze iets heel belangrijks aan het doen zijn, die niet alleen het voetbal maar ook zichzelf heel serieus nemen. Drs. Perez bijvoorbeeld. Die staat er dan in zijn Peek en Cloppenburg-kostuum bij alsof hij live verslag doet vanuit Washington, terwijl hij niet meer dan een verhaaltje over Heracles-De Graafschap aan het vertellen is. Mooi man. En dat allemaal met een gezicht alsof hij net van de crematie van zijn beste vriend komt. Het leukste vind ik altijd als hij voorspellingen gaat doen. En dat ze dan niet uitkomen. Kenneth die in de rust zegt dat een bepaalde speler absoluut niet in de wedstrijd zit en beter gewisseld kan worden. En dat uitgerekend die speler dan twee keer scoort, de wedstrijd beslist en op de schouders het veld af gaat. Ikzelf zou daar als analist enorm de humor van inzien.'

-Kenneth niet?

'Nee. Die kijkt dan de rest van de uitzending alsof hij voor het vuurpeloton staat, in plaats van voor een tv-camera. Terwijl ik denk: inherent aan het doen van voorspellingen in het voetbal is dat je er regelmatig naast zit. Dus waar maak je je druk om? Bovendien is het helemaal niet de taak van een analist om voorspellingen te doen.'

-Nee?

'Nee, natuurlijk niet. Daarom snap ik die mensen ook niet die mij dan een mailtje stuurden wanneer Manolev een goede voorzet had gegeven, of wanneer hun clubje eind maart wedstrijden begint te winnen, terwijl ik in september had gezegd dat ze er niets van konden. Die mensen hebben dan allemaal de neiging om mij op mijn ongelijk te wijzen. Maar dan snappen ze niet wat de functie van een analist is.'

-Leg eens uit.

'Een analist is geen toekomstvoorspeller. Een analist is iemand die oordeelt over een situatie die hij net heeft gezien. En dat die situatie over een halfjaar heel anders kan zijn, daar houdt hij geen rekening mee. Maar goed: het leukste aan al die analisten is natuurlijk dat ze zichzelf met hun gepraat over voetbal ontzettend blootgeven.'

-Hoe bedoel je?

'Ik neem altijd Aad de Mos als voorbeeld, want dat is het duidelijkst. Luister goed naar hem en je weet: Aad voelt zich erg onderschat. Anders zou hij op televisie niet de hele tijd willen laten blijken dat hij meer verstand van de materie heeft dan wij met z'n allen denken. Zo ontmaskert iedereen zichzelf vroeg of laat op televisie.'

-Zijn er ook mensen die het wel kunnen, of ben jij toevallig de enige?

'Nee, natuurlijk niet. Zelf hou ik vooral van analisten die onafhankelijk zijn en die op een reële manier naar voetbal kijken. Marco van Basten, bijvoorbeeld. In zijn woorden hoor je terug dat in zijn achterhoofd altijd de gedachte speelt: één ongelukkige stuit van de bal en alles loopt anders dan gepland. Marco van Basten is misschien wel de beste analist van Nederland. Samen met Wim Kieft. En Willem van Hanegem natuurlijk.'

-Bij de meeste spelers is het andersom, maar jij neemt je vak nu veel serieuzer dan je ooit als voetballer hebt gedaan.

'Ja. Toen ik jong was, verscheen ik rond carnavalstijd nog weleens met confetti in mijn haar op de ochtendtraining. Maar tegenwoordig neem ik mijn werk inderdaad heel serieus. Ik kijk weleens negentien wedstrijden per weekend. Derksen en Genee doen het altijd voorkomen alsof wij niets aan voorbereiding doen, maar dat is natuurlijk niet helemaal waar. Oké, we komen betrekkelijk laat de studio binnen en we vergaderen inderdaad nooit, dat klopt, maar dat wil niet zeggen dat ik maar wat doe. Mijn voorbereiding bestaat uit het zien van tachtigduizend wedstrijden per week, het lezen van alle kranten, het volgen van de praatprogramma's, het erover nadenken en er met mensen over praten.

Het is dus onzin om te denken dat we komen aanrijden in Hilversum en dan maar wat doen. Juist als iets er gemakkelijk en spontaan uitziet, is er vaak veel werk aan voorafgegaan. Zo is het in het voetbal ook. Natuurlijk ziet het er heel simpel uit wat Iniesta doet, tik, balletje hier, tak, balletje daar. Maar er zijn miljarden trainingsuren aan vooraf gegaan voordat hij het zo kon doen. Ik bereid me dus ook voor, op mijn manier. Dat hoort bij mijn werk. Ook omdat ik weet hoe Genee is. Die begint gelijk te zoeken naar die ene wedstrijd die ik niet heb gezien. Maar dan is-ie kansloos, want ik heb ze allemaal gezien.'

Maandag 13 juni 2016, 15:45 uur

Huize Van der Gijp, Dordrecht

Ergens half mei kwam er een mail binnen in huize Van der Gijp. Of hij zin had in deelname aan een programma voor de VRT, gepresenteerd door Cath Luyten, een knappe presentatrice met blond haar uit Antwerpen. Gek genoeg zei hij toch nee.

Maar Cath is de echtgenote van sportpresentator Frank Raes. En Frank Raes is bevriend met Jan Boskamp, want in België is iedereen bevriend met Jan Boskamp. En tegen Jan Boskamp kan niemand nee zeggen, René van der Gijp al helemaal niet. Dus ging hij alsnog met frisse tegenzin akkoord met de aanwezigheid van een Belgische cameraploeg in zijn huis, niet één maar twee dagen lang. Maar hij werd pas écht chagrijnig toen hem werd gevraagd of hij ook een achtertuin had.

Een paar dagen eerder, op vrijdag, was dat tijdens de uitzending van *Voetbal Inside* al goed te merken geweest. 'Ik word nu al dagen achtervolgd door een vrouw van zo'n filmploegje uit België,' zei hij toen. 'Ik heb heel de week dat mens aan de lijn. En weet je waar dat mens al de hele week over zeikt? Dat ze bij mij in de tuin haar tent wil opslaan en daar dan wil slapen. Dat is toch echt vermoeiend, man? We hebben in Nederland toch gewoon hotels? Het is toch geen Klukkluk- en Pipo de Clown-gedoe bij mij thuis, of wel?'

Maar nu is het kwart voor vier op de maandagmiddag, de EK-wedstrijd Spanje-Tsjechië is bijna halverwege, als in Dordrecht de bel gaat en de honden beginnen te blaffen.

'Hé, dat zal de vrouw van Jan Raas wel zijn,' zegt Van der Gijp.

Het is niet helemaal duidelijk of dit een bewuste verspreking is of niet, zoals je ook nooit weet of hij nu telkens Eva 'Jimek' zegt als gimmick, of dat hij echt niet weet dat ze Jinek heet. In een joggingbroek en T-shirt en met een pet op zijn hoofd sloft hij naar het hek. Daar staat de presentatrice hem al met draaiende camera op te wachten.

'Het is niet één Belgje, het zijn er wel vijf,' zegt hij, wanneer hij even later terugkeert in de gerieflijkheid van zijn huiskamer en gelijk weer zijn vertrouwde horizontale positie op de bank inneemt. 'Ze hebben een heel nest Belgjes gestuurd.' Daarna richt hij, net als Nicky, zijn aandacht gewoon weer op de televisie.

De ontvangst is in eerste instantie nogal gereserveerd. Van der Gijp is een makkelijke man, snel in staat om ergens zijn schouders over op te halen, maar is niet iemand die zijn eigen voornemens graag laat beïnvloeden door anderen. Zeker niet door vreemden. Vandaar dat hij gewoon op de bank blijft liggen om Spanje te zien voetballen, zoals hij van plan was, en zich verder niet al te veel te bekommert om de vierkoppige cameraploeg en zijn presentatrice. Gelukkig heeft Cath Luyten net een paar dagen met Prem Radhakishun doorgebracht, de vleesgeworden megafoon uit Amsterdam. En ook een paar met Peter Jan Rens. Ze is wel iets gewend.

Na een halfuur vraagt de presentatrice of ze misschien iets mag drinken. Uit de koelkast komt een blikje icetea. Rondkijkend in de smetteloze keuken wijst ze op het fornuis.

'Dat ziet er ongebruikt uit.'

'Is ook zo,' zegt Van der Gijp, die de macaroni-uit-een-potje voor het gemak buiten beschouwing laat. 'Ik doe niks met die keuken.'

'Je hebt het fornuis nog nooit gebruikt?'

'Nee, ik kan het me niet herinneren. Al die andere spullen ook niet. Maar ja, als ik goed kon koken, was ik ook wel kok geworden, hè?'

Als Spanje zijn middagwedstrijd met 1-0 heeft gewonnen, verplaatst het hele gezelschap zich naar de achtertuin voor nog wat meer Gijpiaanse logica. Nicky gaat er in zijn Italië-trainingspak aan de slag met zijn FC Barcelona-bal, Van der Gijp neemt plaats op de rand van zijn bescheiden zwembad en beantwoordt nieuwe vragen. Op de bodem liggen twee duikbrillen, op de achtergrond hangen twee ingelijste tekeningen. Op de ene zie je hem als PSV'er met de bal aan zijn voet opstomen, op de andere begint hij als international van Oranje aan een slalom. Beide heeft hij een dag eerder speciaal voor de komst van de Belgische cameraploeg door zijn tuinman laten ophangen.

De wondere wereld der BN'ers is steeds vaker een wereld van managers, pr-mensen, personal assistants, sponsors, zaakwaarnemers en commerciële belangen. Ze dienen allemaal hetzelfde doel: verhinderen dat er een ander beeld van hun cliënt wordt geschetst dan dat wat zij tijdens hun brainstormsessie hebben uitgedokterd. Maar Van der Gijp is anders. Hij heeft geen pr-adviseur en bovendien ook niet veel geheimen en zegt doorgaans gewoon wat er in hem opkomt. Ook Cath Luyten wordt in haar zoektocht naar openhartigheid over de grens vandaag niet teleurgesteld.

Over geld:
'Ik verdien bij RTL ongeveer een half miljoen euro per jaar. Dat is heel veel geld, om een beetje over voetbal te praten. Ik ben daar dik en dik tevreden mee. Als een andere omroep mij een half miljoen meer zou bieden, zou ik ook niet weggaan. Ik heb het perfect naar mijn zin bij RTL. Ik vind het stuk voor stuk ontzettend lieve mensen, die heel veel voor mij hebben gedaan. Als ze ergens anders trouwens twee miljoen extra bieden ben ik natuurlijk wel weg, maar dat is weer een ander verhaal.'

Over zwart geld:
'Ik verdiende bij Lokeren twee keer zoveel als bij PSV, terwijl die ploegen destijds gelijkwaardig waren in niveau. Het was in België het begintijdperk van het zwarte geld. Dat heeft daar nog best lang aangehouden. Maar ik was niet de enige hè?

Wat denk je van die Jan Boskamp. Dat is de enige die zijn hele leven nog nooit een blauw envelopje heeft ingevuld. Die gaat er vanuit dat alles netto is.'

Over zijn loopbaan als profvoetballer:
'Ik kijk terug op een geweldige carrière. Ik heb het perfect naar mijn zin gehad. Ondanks dat ik er misschien niet alles uit heb gehaald, ondanks dat ik geen grote prijzen heb gewonnen, ondanks dat ik geen EK of WK heb gespeeld. Meen ik echt. Ik ben altijd realist geweest. In mijn tijd mocht er nog maar één buitenlander in een ploeg spelen, later twee. Dat betekende dus dat je wel heel erg goed moest zijn, wilde jij dat ene plekje bij Real Madrid, of Barcelona of Juventus krijgen. In mijn tijd zou Thomas Vermaelen nooit bij Arsenal en Barcelona hebben gespeeld natuurlijk. Maar nu kan dat, omdat de markt helemaal open is voor iedereen. Ik wil maar zeggen dat het niet in de lijn der verwachtingen lag dat ik ooit hoger zou komen dan PSV en dat heb ik volledig geaccepteerd.

Ik nam het voetbal niet al te serieus. Ik vond het stappen minstens zo leuk als de wedstrijden. Maar ik was niet de enige, hoor. Dat gebeurde in België ook wel. Het verschil was alleen dat de Belgen het stiekem deden. Ik niet. Daardoor heb ik ook de reputatie. Niet iedereen is daar nu eenmaal zo open in als ik. Kijk, ik heb jarenlang met Ruud Gullit op de kamer gelegen. Maar als ik 's nachts naast me keek, was negen van de tien keer dat bed leeg. Was Ruudje even op stap. Maar hij betrok mij daar niet in, want hij dacht: die Van der Gijp gooit er veel te gemakkelijk van alles uit. En dat is natuurlijk ook zo.'

Ruud Gullit. Het duurt in interviews nooit lang voordat zijn naam valt, maar tot een afspraak, zoals destijds afgesproken in Breda, is het ook een halfjaar na dato nog steeds niet gekomen. Er was wel sporadisch contact, en er werd de dag na het optreden in Café De Bommel ook nog wel gebeld met elkaar, maar erg opschieten deed het niet. Er was bij Gullit een rugoperatie, een boek dat geschreven moest worden, contractueel verplichte tripjes naar allerlei tv-studio's in Europa, Amerika en het Midden Oosten en ongetwijfeld nog honderd andere dingen. Ook Van der Gijp wekte bepaald niet de indruk dat hij zijn rechterarm wilde geven voor een samenkomst met zijn oude vriend.

In Dordrecht is in de tuin intussen het ijs aan het breken tussen Van der Gijp en de presentatrice. De controlfreak in hem heeft zich overgegeven aan de situatie: vanaf nu is het mediafenomeen weer zijn laconieke zelf. Het levert een paar mooie citaten op, want ook jaren nadat hij zijn voetbalschoenen voorgoed heeft opgeborgen, leeft René van der Gijp nog gedeeltelijk van zijn eigen avonturen binnen en buiten de kalklijnen, als fulltime handelaar in voetbalanekdotes. Noem een naam, een jaartal of een plaats en hij heeft er het bijpassende verhaal bij.

Nu Cath Luyten er toch naar vraagt: SK Lokeren bijvoorbeeld. 'Robert Waseige was onze trainer. Die had in zijn flat af en toe wat vrouwelijk bezoek, waar hij heel geheimzinnig over deed.

Hij dacht dat niemand dat wist, maar ik wist het allang, want we woonden vlak bij elkaar. Op een nacht waren de stoppen in de meterkast bij hem doorgeslagen. Belde hij op, of ik 'm kon helpen met een paar nieuwe. Geen probleem, ik was toch nog wakker. Ik kom in dat donkere huis, Waseige staat me zenuwachtig op te wachten, ik draai de nieuwe stoppen erin en zodra het licht is, begin ik door het huis te rennen, net zo lang tot ik een vrouw tegenkom. De volgende ochtend moest ik bij het bestuur komen. Dat ze hadden gehoord dat ik iets bij de trainer had gezien wat ik beter niet had kunnen zien en of ik van plan was daar iets mee te gaan doen. "Nee hoor," zei ik, "zolang ik elke week speel, heb ik geen enkele behoefte om daar iets mee te doen." Ik zal je zeggen: ik werd daarna in elke wedstrijd van Lokeren standaard opgesteld en ben ook nooit meer gewisseld. Nu weet je dus waarom. Ja, mooie man, die Waseige. Lieve man. Hij had alleen een drankprobleempje hè? Hij was sowieso een beetje van het padje af. Maar dat paste wel bij die club. En zeker bij mij.'

Zo gaat het nog een tijdje door. Cath Luyten mag nu alles vragen, Van der Gijp geeft overal antwoord op. Pas wanneer ze hem verzoekt even een balletje te trappen met Nicky, weigert hij. 'Nee, dat gaat echt niet meer, lieve schat. Moet je de kijkertjes in België ook niet aandoen. Ik kan het niet meer, voetballen. Het ziet er niet meer uit. Kom, pak je camera, we gaan naar Hilversum. De uitzending begint over twee uur.'

Komrij

'Ik hou van persoonlijkheden, niet alleen in het voetbal, ook op het scherm. Televisie is geen medium voor vlakke mensen.'

-Noem eens een voorbeeld.

'Gerrit Komrij.'

-Dat had ik niet verwacht.

'Man, ik vond Gerrit Komrij ge-wel-dig. Hij had voor mij iets wat Johan Derksen ook heeft, iets dat heel effectief is op televisie: hij kon met een uitgestreken gezicht iets afgrijselijks over iemand zeggen, bij voorkeur als die persoon er gewoon zelf naast zat. Dat is een onweerstaanbaar effect op tv.'

Maandag 13 juni 2016, 19:08 uur

Media Park, Hilversum

Johan Derksen staat in de gang van de studio, schudt Cath Luyten de hand, vraagt voor welke omroep ze eigenlijk werkt en geeft dan in zijn vertrouwde subtiele en genuanceerde stijl zijn mening over haar werkgever, de VRT. 'Dat daar nog mensen naar kijken zeg, naar die onzinprogramma's van jullie. Hangt er in België soms in elke studio een bord boven de deur: verboden te lachen?'

Binnen, in de kleedkamer, wordt Nicky intussen met gevaar voor eigen leven geknuffeld door Jan Boskamp.

'Hoe is het, maat?', zegt Boskamp.

'Goed hoor,' klinkt het ergens van onder een oksel.

Als Nicky eenmaal uit de menselijke bankschroef is losgeraakt, geeft Boskamp hem een harde tik op zijn achterhoofd, een stomp op zijn schouder en een klap op zijn rug, en beginnen ze samen over het EK te praten.

'Frankrijk was goed, hè Jan?'

'Die kenne balle zeg, dat is niet te geloven.'

Op de gang is de Johan Derksen Bingo intussen in volle

gang, als hij de Belgische kijkers van Cath Luyten toespreekt. De gebruikelijke termen waaien de kleedkamer binnen.

'Minachting voor de kijker... '

'Wij spreken de taal van de voetbalkantine... '

'*VI* is een ordinair en platvloers programmaatje... '

'RTL7 is een campingzender... '

Niemand kijkt er hier nog van op dat een paar meter verderop een vorstelijk betaalde werknemer als dank voor dat salaris nu oog in oog met een draaiende tv-camera zijn eigen werkgever staat af te branden, maar Cath Luyten weet even niet wat ze hoort. 'Er is bij RTL7 werkelijk geen programma waar je voor je lol naar kijkt,' zegt Derksen, het gezicht van RTL7. 'Voordat wij op de buis zijn, is er altijd zo'n achtervolgingsprogramma van de politie. Ik zat daar laatst naar te kijken, naar die onzin, maar dat is zo gedateerd dat ze de bekeuringen nog in guldens uitdeelden.'

Derksen is niet te beroerd om ook voor de driehonderdachtenzeventigste keer in het kort de ziel van het programma voor een buitenstaander te schetsen. 'René heeft de lach aan zijn kont hangen, dat is zijn kracht. Iedere cabaretier is daar jaloers op. Zelfs als hij iets vertelt dat niet leuk is, gaat-ie zo aanstekelijk schaterlachen om zijn eigen verhaal, dat heel het land alsnog meelacht. Je hebt twee René's. De René thuis, die wat serieuzer, wat rustiger, misschien zelfs wel wat zwaarmoediger is. En je hebt de René die wij hier aan tafel nodig hebben: de man met de relativerende lach en het vermogen om op een heel begrijpelijke manier heel zinnige dingen over voetbal te zeggen.'

Niet kort daarna komt de opnameleider iedereen verzamelen voor de uitzending. Al keuvelend over het EK kuiert het gezelschap naar de studio om daar, voor het oog van een paar honderdduizend mensen thuis, verder te keuvelen over het EK. Na afloop wordt er geen woord meer aan de uitzending vuilgemaakt en installeert iedereen zich bij de tv voor de wedstrijd België-Italië. De Belgen verliezen met 2-0 en de complete cameraploeg van Cath Luyten, inclusief geluidsman – of klankman, zoals ze zelf zeggen – wordt er tot aan de gemeentegrens van Dordrecht mee gepest.

Twee uur later, terug in huize Van der Gijp. Buiten is het pikdonker. De laatste shots op en rond het huis zijn geschoten. Nicky heeft gedoucht en ligt nu in zijn pyjama op de bank. Van der Gijp heeft de whiskyfles erbij gepakt en een emmer ijsblokjes. Hij rookt bij hoge uitzondering twee sigaretten. De cameraploeg is inmiddels vertrokken naar zijn hotel. Afgesproken is dat Cath Luyten in huize Van der Gijp mag blijven slapen, maar dan wel gewoon in een bed in plaats van in een tent. Hijzelf zal de nacht op de kamer van Nicky doorbrengen. Er wordt geproost. In de woonkamer komen presentatrice en haar onderwerp tot rust. Er wordt gepraat over de afgelopen tijd.
'Kun je het een beetje van je afzetten?', vraagt Cathy aan Nicky.
'Ik doe elke dag gewoon de dingen die ik moet doen, dus dan denk ik er in principe niet veel bij na,' zegt hij. 'Maar soms,

als je gaat slapen, dan denk je weleens van: jeetje, wat is me de afgelopen maanden overkomen?'

De volgende ochtend. Van der Gijp zit aan de eettafel achter een uitsmijter. Die heeft Cath Luyten hem zojuist geserveerd. Zelf zit ze nu in pyjama en nog zonder make-up in de serre en leest de krant. Mocht René van der Gijp ooit in een gekke bui toch overwegen te gaan samenwonen met een vrouw, dan moet het er dus ongeveer zo uitzien.

Het is laat geworden vannacht. Het was half vijf voordat Cathy en hij sliepen. Toch is Nicky vanochtend, zoals altijd, per supersonische Smart naar de rand van het schoolplein gereden en daar met een dikke kus voor de deur afgeleverd. Terug aan tafel worden nu de ochtendkranten doorgespit en is hij in afwachting van zijn tweede uitsmijter.

Van der Gijp is dol op uitsmijters. Hij is ermee opgegroeid, vertelde hij eens. 'Eet ik mijn hele leven al. Ook als voetballer. Lekker bij PSV, na de training. Uitsmijtertje ham kaas. Die maakte Harrie van Kemenade, in het spelershome. Mooie man was dat. Echt zonde dat hij er niet meer is. Op een dag pakte Gullit me bij m'n arm en nam me mee naar de keuken. Daar wees-ie op Harrie, die de eieren altijd met zijn blote handen brak. Toen Ruud en ik stonden te kijken, stak hij net zijn duim in een eitje. Zo'n grote duim, weet je wel? Helemaal bruin van het roken. Maar zelfs dat maakte me geen reet uit, ik bleef ze gewoon eten, die uitsmijtertjes.'

Even later. Cath Luyten staat onder de douche, Van der Gijp

ligt bij te komen op de bank en de regisseur en cameraman zijn een luchtje aan het scheppen in de achtertuin. Ze zijn het erover eens dat hun hoofdpersoon het ideale huis heeft gevonden, perfect passend bij zijn persoonlijkheid. 'Kijk maar om je heen,' zegt de regisseur, terwijl hij wijst op de dikke hagen die de voortuin en het huis aan het zicht onttrekken, de hoge bomen die de achtertuin afschermen, het automatische hek dat de toegang tot de bungalow blokkeert. 'René heeft hier de perfecte cocon gebouwd.'

Het idee is eigenlijk dat de heer des huizes nu de honden zou uitlaten en al wandelend nog een interview zou geven, maar de honden zijn niet gewend te worden uitgelaten. Ze leven het merendeel van de dag in de tuin, want die is groot genoeg en dat is wel zo makkelijk. Bovendien heeft hij eigenlijk al meer dan genoeg bruikbare quotes afgeleverd, vindt de regisseur. Besloten wordt om ergens in de stad alleen nog een mooi eindshot op te nemen.

En zo eindigt alweer een bijzondere dag in het nieuwe leven van René van der Gijp op een zwartmetalen bankje, ergens aan de oever van het drierivierenpunt in Dordrecht, niet ver van zijn vroegere huis aan de Kuipershaven.

'Ben je gelukkig?', vraagt Cath Luyten.

'Ja,' zegt hij. 'Ja hoor.'

'Ondanks alles wat er gebeurd is?'

'Ja. Omdat dit ook bij het leven hoort. En omdat het heel gek zou zijn om te denken dat dit soort dingen mijn huisje voorbij zou gaan. Toch?'

De presentatrice kijkt hem een tijdje zwijgend aan. Van der Gijp staart naar een van de schepen aan de horizon. Daarna slaat Cath Luyten een arm om hem heen, geeft hem een kus in zijn nek en een knuffel en dan zijn de opnames afgelopen. 'Wel lieve mensjes, die Belgjes,' zegt hij als hij terugrijdt naar de stilte van zijn huis, 'niks mis mee.'

Cruijff

-De dood van Daniëlle overschaduwde bij jou natuurlijk de dood van Cruijff.

'Ja, dat klopt, dat is een beetje langs me heen gegaan. Terwijl hij echt een idool van mij is geweest hoor. De enige voetballer van wie ik ooit een poster boven mijn bed had hangen.'

-Echt?

'Ja, gesigneerd en wel, met van die prachtige klassieke Puma-schoenen aan zijn voeten. Had mijn vader voor me geritseld. Ik vond de voetballer Cruijff als kind al een geweldenaar. En dat is daarna nooit meer veranderd.'

-Heb je hem ooit gesproken?

'Nee, gek genoeg niet. De meesten van mijn jeugdidolen – Willem van Hanegem, Johan Neeskens, dat soort mannen – heb ik later allemaal leren kennen. Met Ruud Krol, ook een heel grote voetbalheld uit mijn jeugd, heb ik zelfs nog samen in Oranje gespeeld. Maar Cruijff is altijd op afstand gebleven voor mij.'

-Je bent toch een keer bij hem thuis in Barcelona geweest?

'Ja, lang geleden, toen ik nog aan de talkshow van Barend en Van Dorp meewerkte. We maakten een speciale uitzending rond Cruijff. Vooral Frits was erg nerveus door mijn aanwezigheid. Hij bleef tijdens de reis naar Barcelona maar benadrukken hoe bijzonder het was dat ik het heilige der heiligen mocht betreden en hij begon ook steeds vaker te benadrukken dat ik wel normaal moest doen. "Probeer niet te veel te zeggen, als we straks bij Johan zijn," zei hij op een gegeven moment, vlak voordat we er waren. Nou, dat heb ik in mijn oren geknoopt. Ik heb de hele avond niets gezegd.'

-Niets?

'Geen woord. Ik zat daar maar in die huiskamer, te luisteren naar Cruijff. Het ging de hele avond alleen maar over voetbal. Best interessant natuurlijk, maar na een uur of vijf college had ik het wel gehad. Het was avond, ik had inmiddels wel zin om nog iets meer van Barcelona te zien. Misschien dat Frits dat aan me merkte, want hij stelde voor om mij een rondleiding door het huis te geven.'

-Frits gaf een rondleiding door het huis van Cruijff?

'Ja, man. Was mooi. Stonden we samen in de slaapkamer van Cruijff. "Nou, hier slaapt-ie dus," zei Frits dan aan de rand van het bed. En dan knikte ik. "Links of rechts?", vroeg ik nog. "Ik geloof links," zei Frits toen. Het was diep in de nacht dat we terugreden naar ons hotel. Ik kreeg toen nog de complimenten van Frits. Ik had me keurig gedragen. Maar ja, ik had ook geen woord gezegd.'

Donderdag 16 juni 2016, 16:03 uur

Eetcafé Moeke Spijkstra, Blaricum

De talkshow *Voetbal International* was ooit vijf moeizame afleveringen onderweg, toen René van der Gijp zijn telefoon pakte, z'n raadsman Rob Jansen belde en hem vertelde dat hij er per direct mee wilde ophouden. Het programma was amper een maand op het scherm maar hij was alle plezier al verloren.

Dat was op een woensdagmiddag in 2008. Een dag eerder was hij ontboden op de burelen van *Voetbal International* in Gouda, waar Johan Derksen hem in een met rook gevulde kamer zat op te wachten, sigaar in de mond, voeten op het bureau. Op de achtergrond kabbelde bluesmuziek en stond de televisie op Eurosport, zoals altijd. Toen eindelijk ook Wilfred Genee was gearriveerd voor het gesprek over het nog haperende nieuwe format, legde Derksen op fijnzinnige wijze uit dat het programma z'n hoogtepunt nog niet had weten te bereiken, en dat met name de inbreng van Van der Gijp achterbleef bij de verwachtingen.

Of, zoals het slachtoffer het zich zelf herinnert: 'Ik had nog niet eens hallo gezegd, ik zat amper op mijn stoel, of

Johan begon al gelijk tegen me. "Zeg, luister eens René, het gaat kut met het programma en dat is allemaal jouw schuld." Dat was zijn eerste zin. En daarna begon hij me tot op mijn veters af te branden. Dat ik erbij zat als een zoutzak. Dat het allemaal niet relevant was wat ik over voetballen te vertellen had. Dat ik nul uitstraling had op het scherm en dat hij ook niet verwachtte dat daar ooit nog verbetering in zou komen. Dat het zo allemaal geen zin had en dat het bij nader inzien maar beter was om direct te stoppen. Maandag hoefde ik al niet meer te komen. Dan zat Sef Vergoossen op mijn stoel. In de tussentijd zou hij op zoek gaan naar nog meer vervangers. Toen dacht ik: ik kap er lekker mee. Echt hoor. Zoek het lekker uit met je kutprogrammaatje, ik laat me niet vernederen. Het klinkt misschien absurd, maar het is dat ik toen Willibrord Frequin in dit eetcafé tegen het lijf liep, anders was mijn carrière als analist voorbij geweest voordat-ie goed en wel begonnen was.'

En daarom staat hij nu dus hier, aan de toog van het Blaricumse eetcafé Moeke Spijkstra, en wacht hij in een vlaag van plotseling opgewelde nostalgie op de komst van Willibrord Frequin. Nicky zit op een kruk naast hem, zijn ogen vastgeplakt aan het grote scherm waarop Engeland-Wales is te zien. Als de voormalig tv-presentator met het gebruikelijke kabaal is gearriveerd, is de begroeting opvallend warm. De twee kennen elkaar al meer dan twintig jaar. 'Kom eens even hier, Gijp,' zegt Frequin, 'ik wil je even vastpakken.' Daarna leidt hij het hele gezelschap zonder te vragen naar de hoek van het café. Daar staat zijn eigen tafeltje, want dit is al sinds mensenheugenis zijn stamkroeg.

Al die jaren op zijn vertrouwde plekje hebben Willibrord Frequin een eigendomsgevoel gegeven, zoals je dat wel vaker ziet bij stamgasten wiens historie op hun vaste stoel meerdere decennia omspant. Hij beschouwt Moeke Spijkstra niet alleen als zijn tweede huiskamer, hij gedraagt zich er ook naar. Het enige dat eraan ontbreekt is een paar pantoffels, maar verder zit Frequin er hier doorgaans bij alsof hij thuis voor de tv heeft plaatsgenomen. Als een Romeins keizer op zijn troon overziet hij vanuit zijn vaste hoek de complete zaak. Gelukkig is zowel bedrijfsleider als de rest van het personeel eraan gewend vanaf daar te worden aangevuurd, opgejaagd en uitgedaagd. Dat gebeurt met dit soort zinnen:

'Zeg, wat gaan we nou krijgen? Er zit veel te weinig ijs in mijn cola. Hoe kan dat? Nou? Hè? Nee, geef nou eens gewoon antwoord.'
of
'Nee, twee bier, één Spa Rood en één icetea. Zeg, is dat nou zo moeilijk? Wel scherp blijven, hè?'
of
'Zeg, waar blijft mijn vlees? Is de kok in slaap gevallen soms?'
of
'Ja, kijk, nu maak je weer een fout, want je zet groente neer. En ik eet geen groente. Ik eet alleen jus bij mijn vlees. Verder niks. In elk geval nooit groente. Begrijp je? Onthouden. Ja?'

Eenmaal aan zijn vaste tafel richt Frequin direct het woord tot Nicky. Hij is al jaren niet meer met een eigen programma op televisie, maar de toon van de ondervraging klinkt nog steeds vagelijk vertrouwd in de oren.
'Zeg, is-ie een beetje lief voor je, die vader van je?'
Nicky: 'Ja, hoor.'
'Ja? En welke school zit je?'
Nicky: 'Gewoon op de mavo.'
'Zeg, en lukt dat een beetje?'
Nicky: 'Tuurlijk.'
'Ik ben zelf vier keer blijven zitten.'
Nicky: 'Oh.'

Daarna steekt Frequin (75) zijn vuist uit over tafel en is het nu de bedoeling dat Nicky datzelfde doet en ze elkaar een 'boks' geven, maar de jonge ober is zojuist gearriveerd. Hij pakt net zijn opschrijfboekje erbij.

'Hé hallo, kom eens even hier, jij,' zegt Frequin. 'Ben jij nieuw in de bediening? Stel je dan eens even netjes voor. Ja? Ik heet Willibrord. Ik ben de leukste en de lastigste klant. Ja?'

Daarna kan er worden besteld. Van der Gijp heeft trek in een biefstuk – 'lekker man, biefstukje, niks mis mee' – Nicky in een hamburger. Frequin wimpelt de menukaart geroutineerd af en zegt dat hij die niet hoeft te zien. Zelfs bestellen is voor hem iets uit een grijs verleden. 'Ze weten hier in de keuken precies wat ik wil en hoe ik het wil.'

Van der Gijp aait Nicky intussen over zijn haar. 'Hij wil later graag Sierd de Vos worden,' zegt hij. 'Voetbalcommentator. Hè, pik? Hij is ook al een keer met Leo Driessen meegeweest naar Heracles-FC Utrecht. Hij wil later naar de School voor Journalistiek, maar zo kan hij vast een beetje kijken hoe de praktijk werkt. Dat is lief van Leo.'

Nicky knikt. Er is zojuist een hamburger gearriveerd zo groot als een vliegende schotel. Het is zes uur. Hij heeft trek. Maar nu begint Willibrord Frequin vanaf de andere kant van de tafel weer naar hem te wijzen.

'Maar dan moet je een keer gaan oefenen. Ja? Gewoon een samenvatting opnemen, geluid uit en zelf commentaar geven. Onthoud je dat? Oefenen. Dat is belangrijk. Ja?'

Daarna begint hij zijn vlees te snijden, en vraagt de ober waarom de biefstuk van Van der Gijp groter is dan die van hem. Pas dan is er eindelijk gelegenheid om verder te vertellen.

'Een dag nadat ik dat rare gesprek met Johan had gehad, zat ik dus thuis en dacht: ik kap er lekker mee, ze bekijken het maar. Maar Rob Jansen adviseerde me er nog een weekje over na te denken. Maar, en nou komt het: op donderdag was ik in Hilversum, voor de een of andere lezing. Toen ben ik hier iets gaan eten, in Moeke Spijkstra. Onderweg heb ik Willibrord gebeld, of-ie zin had om ook te komen. Hij kwam gelijk.'

'Natuurlijk kwam ik gelijk,' bromt Frequin vanonder zijn grijze haar, 'we zijn toch vrienden?'

'Jawel,' zegt Van der Gijp, 'maar ik weet niet of jij weet hoe belangrijk dat voor mij is geweest.'

Willibrord Frequin, de terriër onder de verslaggevers, en René van der Gijp, de meest laconieke rechtsbuiten uit de moderne geschiedenis van PSV: het is op het oog een merkwaardig duo. Toch kennen ze elkaar al lange tijd en is er altijd een paar keer per jaar contact. Tegenwoordig meestal per WhatsApp. Als Van der Gijp het berichtenverkeer tussen hem en Frequin op zijn telefoon laat zien, staat het scherm vol hartjes, kusjes en xxx'en. Op de een of andere manier zijn ze dol op elkaar. Ze schamen zich er ook niet voor om dat te tonen. Zelfs niet wanneer ze in een drukbezet eetcafé zitten.
'Zeg, sta eens even op,' zegt Frequin, 'ik wil je even knuffelen, ja?'
'Is goed, ouwe reus,' zegt Van der Gijp, 'als jij dat leuk vindt, gaan we lekker knuffelen, geen probleem.'

Al kauwend legt hij zijn mes en vork neer, schuift langzaam zijn stoel naar achteren en gaat staan.
'Ja, hij noemt mij altijd ouwe reus,' zegt Frequin, die denkt dat dit voorrecht alleen aan hem is voorbehouden. Hij is nu ook opgestaan. Daarna laat hij Van der Gijp een tijdje tussen zijn armen verdwijnen. 'Ik vind jou een fijne gozer, ja?' zegt hij, vlak bij zijn oor. 'Je bent een lieve kerel en ik ben ontzettend blij je weer te zien. En dat meen ik echt, godverdomme.' Om zijn woorden kracht bij te zetten, knijpt hij Van der Gijp nog even extra lang fijn. Nicky eet intussen onverstoorbaar door. In het BN'ers reservaat dat Blaricum heet valt het gelukkig allemaal niet zo op, maar het is best een gek gezicht.

Ze kennen elkaar uit de tijd dat Frequin coach was van het artiestenelftal waarin René van der Gijp en Wim Suurbier het hoogste woord hadden. Daarom worden er aan tafel al snel herinneringen opgehaald aan die keer tijdens een voetbaltoernooitje in Monaco, toen het hen begon op te vallen dat de vrouw van de hoofdsponsor overal haar videocamera mee naartoe nam. En dat ze die camera toen op een avond hadden geleend en zelf ook een filmpje hadden geschoten. Maar dat ze niet hadden verwacht dat de nietsvermoedende sponsor nog tijdens de trip de beelden zou bekijken, bovendien in het gezelschap van zijn al even nietsvermoedende schoonmoeder, die ook mee was op reis en die uiteraard halverwege de film werd geconfronteerd met een eindeloze rij blote billen en geslachtsdelen, begeleid door half ingehouden gelach waaruit direct de identiteit van de hoofdschuldigen viel af te leiden: Wim Suurbier en René van der Gijp. Daarna moest coach Willibrord Frequin praten als Brugman om te voorkomen dat de sponsor woedend met vrouw, schoonmoeder en videocamera en al naar huis zou vertrekken, een astronomisch bedrag aan onbetaalde hotelrekeningen achterlatend.

Nicky moet deze verhalen inmiddels vaker hebben gehoord, want hij heeft zijn smartphone tegen zijn glas icetea gezet en kijkt nu live op Nederland 1 naar Engeland-Wales. De enige keer dat hij zijn ogen nog van het scherm haalt, is wanneer Frequin de aandacht opeist.

'Hé! Hallo!', roept die dan vanaf de andere kant van de tafel, 'Zeg, luister eens vriend, doe die pet eens af. Goed zo. En kijk

me nu eens aan. Zeg, wil jij wat geld verdienen?'
Nicky haalt zijn schouders op.
'Krijg je iedere maand honderd euro van me als je vanaf nu af aan elke dag een PSV-pet draagt. Ja?'
Nicky gelooft even dat hij zich gaat verslikken.
'Echt niet,' zegt hij.
Daarna gaat hij snel verder met kijken en eten.
De chef van de zaak komt langs.
'Hou je het wel rustig vandaag, Willibrord?', vraagt hij lachend.
'Zeg, sodemieter op jij,' zegt Fréquin, 'wie denk je wel dat je bent. Hè?'

Nu gaat René van der Gijp eindelijk vertellen hoe Willibrord Frequin precies zijn loopbaan redde.

'We gingen hier aan dit tafeltje zitten, ik had amper mijn jas uit, of Willibrord begon al op me in te praten. Hij zei: "Luister Gijp, die tv, dat doe je niet goed. Dat moet volledig anders, want zo wordt het nooit wat. Je kunt niet op tv zitten zoals je thuis op de bank zit. Dat slaat nergens op. Derksen heeft gewoon gelijk. Je straalt uit dat je niet kunt wachten tot het programma voorbij is. Maar zo werkt televisie niet. Je moet juist vanaf de eerste seconde van het scherm afspatten. Je moet energie uitstralen. Mensen willen door jou verrast worden, er moet gelachen worden, gehuild, desnoods laat je ze schrikken: als er maar iets gebeurt." Hij zei dat ik tv net zo moest benaderen als een belangrijke voetbalwedstrijd. Goed voorbereid, geconcentreerd en vanaf het eerste fluitsignaal erin springen.

Vol gas, desnoods met gestrekt been, van begin tot einde.

'Het was een eindeloze monoloog, maar eigenlijk zei hij precies hetzelfde als Johan. Het verschil was alleen dat Johan het zei om mij pijn te doen en misschien om zichzelf beter te voelen door mij te kwetsen, maar Willibrord zei het om mij te helpen. Hij zei dat er geen gemakkelijker manier was om geld te verdienen dan met tv-werk, maar dat je dan wel gas moest geven. En op de een of andere manier was dat een omslagpunt.

Toen ik naar huis reed, dacht ik bij mezelf: ik heb nu van twee mensen op twee manieren dezelfde boodschap gehoord. Van Johan op een denigrerende manier, van Willibrord op een opbouwende manier. De een was prettiger dan de ander, maar ik realiseerde me wel dat ze allebei gelijk hadden. Vanaf dat moment ben ik het serieus gaan nemen. In sommige fases misschien zelfs té serieus. Maar hoe dan ook: ik besloot het voortaan te gaan benaderen als een vak, en niet als een hobby. Ik besloot mijn schouders eronder te zetten, het serieus te nemen en me voortaan goed voor te bereiden. Soms door wel achttien wedstrijden in een weekend te bekijken, wat ook weer een beetje overdreven is, maar toch. In die zin hebben Rob Jansen en Willibrord dus echt mijn carrière gered. Als wij elkaar die donderdag niet hadden getroffen, was het misschien heel anders gelopen. Maar dat is bijna de kern van het leven, denk ik weleens: de krankzinnig grote rol die het toeval speelt.'

'Zo is het,' zegt Frequin. 'Je moet godverdomme erin knallen, man.'

Nicky zegt niks. Hij heeft net de laatste hap van zijn hamburger genomen, als Willibrord Frequin plotseling voorover buigt en weer naar hem wijst. 'Zeg, luister eens, kijk mij eens even aan, ja? Jij wilt sportcommentator worden, hè? Goed, geef mij dan eens drie redenen waarom Feyenoord de beste club van Nederland is. Nou? En niet tegen mij, maar tegen de kijkers thuis hè? Nou? Hup, actie, nu!'

Hij klapt in zijn handen. Aan de bar draaien twee blondines zich simultaan om.

'Kom op! Je bent live!'

'Euh... ,' zegt Nicky. Hij is verbaasd en heeft bovendien zijn mond vol.

'Drie redenen! Drie! Nu! En kijk in de camera, hè? Kom op, godverdomme! Nou?'

Willibrord Frequin heeft het zoutvaatje gepakt en houdt dat nu voor zijn rechteroog. Met zijn linkerhand maakt hij een draaiende beweging, alsof hij een stomme film aan het schieten is.

'Euh, nou,' zegt Nicky, 'mooiste stadion, mooiste grasmat... '

'Ja, ga door, ga door,' zeg Frequin vanachter zijn zoutvaatje, 'ik zei drie, geen twee.'

'Enne... mooiste historie.'

'Goed zo,' zegt Frequin, 'jij komt er wel. Jij bent godverdomme een lief ventje.' En dan, tegen Van der Gijp senior: 'Je hebt het goed begrepen. Je moet gasgeven op tv. Niet dat slappe, maar ervoor gaan. Dat heb ik zelf ook altijd gedaan. Begrijp je? Zeg, doe jij je handen eens omhoog.'

'Mijn handen?', vraagt Van der Gijp.

'Kom op, slome,' zegt Frequin en hij pakt de beide polsen van zijn tafelgenoot, laat hem zijn handen spreiden en begint er dan een paar keer als een bokser tegenaan te stoten. Bijna hoekt hij zijn eigen glas cola van tafel.

'Kijk,' zegt hij, na een linkse directe, 'dit bedoel ik nou. Snap je?'

Van der Gijp knikt.

Daarna maakt Frequin in slow-motion nog een paar links-rechtscombinaties.

Nicky kijkt even verbaasd naar het tafereel, maar concentreert zich daarna al snel weer op zijn patat. Ook de twee blondines aan de bar nemen inmiddels niet langer de moeite hun hoofd nog om te draaien. Iedereen die in Moeke Spijkstra komt, kent Frequin en het bijbehorende spektakel.

Na al dat geboks, wordt er een kleintje pils voor zijn neus neergezet. Hij knikt naar Nicky.

Zeg, hoe oud ben jij nou?'

'Veertien jaar. Bijna vijftien.'

'Bijna vijftien? Dan wordt het wel tijd dat je af en toe een slokje neemt.'

Onzin

'Willibrord is een lieve man. Hij maakt een hoop herrie en hij heeft misschien een grote mond, maar je voelt dat het goed bedoeld is. En weet je wat het is?'

-Nou?

'Over televisie zegt hij zelden onzin.'

Donderdag 16 juni 2016, 18:13 uur

Eetcafé Moeke Spijkstra, Blaricum

Soms denkt René van der Gijp nog weleens terug aan de zomer van 2010, toen hij tijdens de allereerste editie van het tv-programma *VI-Oranje* in het Kurhaus uitgroeide tot de Tijl Uilenspiegel van Nederland. Het programma had destijds absurde situaties tot gevolg. Voordat hij ergens op de boulevard ging eten, werden er eerst dranghekken rond zijn tafeltje geplaatst, waar dan constant mensen met flitsende mobieltjes overheen hingen, zodat er in allerlei huiskamers in Lelystad en Drachten en Venlo en Haarlem foto's op het dressoir moeten staan van René van der Gijp die een stuk pizza margherita in zijn mond stopt.

Toen Nicky en Daniëlle die wonderlijke zomer op vaderdag als verrassing naar het Kurhaus kwamen en hem een klein hondje cadeau deden, werd dat gadegeslagen door circa zeshonderd wildvreemde mensen die vanaf de Scheveningse boulevard zó op hun terrastafel keken en luidkeels commentaar gaven bij de overhandiging. 'Het werd beangstigend en beklemmend. Ik begon steeds vaker te denken: ik sprint naar mijn hotelkamer, gooi de deur in het slot, en ik ga met de gordijnen dicht in bed liggen.'

Twee jaar hield hij het vol om aan de verwachtingen van het publiek te voldoen. Maar toen ging het opeens niet meer. De batterij was leeg. En ook toen blijkt Willibrord Frequin een belangrijke rol te hebben gespeeld in zijn wederopstanding. 'We kwamen elkaar tegen in Zwolle. Zijn we even koffie gaan drinken. Toen heeft Willibrord me moed ingesproken. Dat had ik ook echt even nodig.'

Frequin: 'Ik herinner me dat gesprek in Zwolle. Ik heb René toen trachten duidelijk te maken dat hij een geweldige kerel is. Dat hij dat vooral goed moest weten van zichzelf. En dat het helemaal niet erg was als hij een tijdje weg was. "Jij bent de smaakmaker," zei ik tegen hem. "Ze kunnen helemaal niet zonder jou." Op die manier heb ik hem veel courage willen geven.'

Van der Gijp: 'Dat is goed gelukt. Want natuurlijk speelde toen ook dat ik vreesde voor mijn carrière op televisie. Ik dacht dat het voorbij was. Het is al vervelend om zo'n burn-out te ervaren, maar het vervelendste is eigenlijk dat je constant het idee hebt dat dat nooit meer weggaat. Dat zorgde bij mij voor nog meer paniek: de gedachte dat ik nooit meer degene zou worden die ik was. Dat ik nooit meer op tv kon functioneren, omdat de man die de kijker kende niet meer bestond. En dan is het lekker om iemand te treffen die net op de juiste toon tegen je aan praat. Eigenlijk heeft Willibrord dus twee keer mijn carrière gered.'

Die laatste opmerking is wéér aanleiding voor een omhelzing. Zo wordt het langzaam avond in Moeke Spijkstra. Als het tijd is voor het afscheid, neemt Frequin zijn vriend nog een keer in de houdgreep. 'Nou ik ben nog steeds heel trots op je,' zegt hij in zijn oor. 'En ik kijk altijd naar je. Ik ben gewoon een *VI*-junk geworden. Ik ben jouw boek nu voor de derde keer aan het lezen. Mijn vrouw weet het ook: op maandag en vrijdag moet ik om zeven uur vreten, hooguit kwart over zeven, want ik wil om half negen per se voor die televisie zitten, ja?'

Daarna staat iedereen op van tafel. Het is al half acht. Nicky moet eigenlijk nog huiswerk maken. Het is een openhartige avond geweest. Er is gepraat, gelachen en geknuffeld, maar over de dood van Daniëlle is om de een of andere reden met geen woord gesproken.

Op het parkeerterrein zwaait Van der Gijp nog even naar zijn vriend en kruipt dan lachend achter het stuur voor de terugreis naar Dordrecht. Vandaag is hij met de witte Audi Cabrio gekomen. Tot voor kort reed zijn vriendin Linda hierin rond, een blonde, 25 jaar jongere ex-serveerster die hij ooit na afloop van *VI-Oranje* in het Scheveningse nachtleven had ontmoet, maar die al een tijdje in geen velden of wegen meer te bekennen was.

Vlak voordat hij gas geeft, gaat het raampje open.

'Zie ik je zaterdag nog? In de PKC-hal in Papenrecht? Dan ga ik lekker prijzen uitreiken aan gehandicapte mensjes.'

Mwah

Je doet best veel voor goede doelen.

'Mwah... '

-Toch?

'Daar praat ik liever niet over.'

-Waarom niet?

'Vind ik niet netjes. Het hoort niet. Dingen voor het goede doel, dat doe je of dat doe je niet, maar als je ze doet, lul je er niet over. En je moet het ook niet overdrijven. Het is echt niet zo dat ik de hele dag mensen in een rolstoel door Dordrecht aan het duwen ben, hoor.'

-Maar wat doe je dan wel?

'Niks bijzonders, joh. Casper belt weleens voor dingetjes in het ziekenhuis. Nou, dat doe ik dan. En er zijn wat jongens in Rotterdam die heel ernstig ziek zijn en die ik af en toe bezoek. Of ik neem ze mee naar de training van Feyenoord. Vinden ze leuk. Dat doe ik het liefst, omdat ik die jongens en meisjes inmiddels een beetje ken en zij mij.'

-Dat vind je belangrijk?

'Ja. Kijk, als ik wil kan ik elke dag aan de slag voor allerlei goede doelen. Soms krijg ik wel vier, vijf aanvragen per dag binnen. Of ik in Drachten met iemand op de foto wil voordat-ie sterft. Of ik een rondje wil maken en cadeautjes wil uitdelen in een kinderziekenhuis in Limburg. Maar ik weet niet of het zin heeft om bij een wildvreemd kindje van zes aan het bed te gaan staan. Ik denk het niet. Vaak zijn het de ouders die het interessanter vinden dan het kind. Weet je wie er trouwens ook veel bellen?'

-Nou?

'Televisieprogramma's. Dan willen ze me naar Afrika sturen om daar naar een kolonie aidspatiënten te gaan kijken. Maar dat doe ik nooit. Vind ik gênant. Ik ga niet naar Rwanda vliegen voor een fotomoment met tien voormalige kindsoldaten. Misschien is het leuk voor de televisiemensjes, maar verder lijkt me dat vrij zinloos. Dan zoek ik het liever iets dichter bij huis. En zonder camera's erbij.'

Zaterdag 18 juni 2016, 16:23 uur

PKC-hal, Papendrecht

In de PKC-hal wordt die zaterdag de twintigste editie van de Robin Matena Bokaal gehouden, een rolstoelhockey-evenement waarvan de opbrengsten ten goede komen aan de strijd tegen de ongeneeslijke ziekte van Duchenne. De naamgever zelf is hier ook. Hij bestuurt zijn rolstoel door middel van een plastic buisje dat voor zijn mond hangt en waarin hij af en toe hard blaast.

'Je hebt mensen die gehandicapt zijn,' had Van der Gijp een paar dagen eerder op het parkeerterrein in Blaricum gezegd, 'en dan heb je mensen die héél erg gehandicapt zijn. Maar je hebt er ook bij die het overdrijven. Nou, en die spelen elk jaar om de Robin Matena Bokaal. En ik mag daar de prijzen uitreiken. Mooi man.'

De sporthal is voor de gelegenheid versierd met vlaggen. Er is een bescheiden bar ingericht en langs de twee speelvelden staan stoelen voor het handjevol toeschouwers. Langs de lijn proberen cheerleaders de stemming erin te houden maar dat valt niet mee, want de dag begon triest. In de ochtend bleek een van de beoogde deelnemers die nacht te zijn overleden. Een jongen van begin twintig, ook dat nog. Iedereen hier kende hem, hij kende iedereen. Vandaar dat er mensen met betraande gezichten voorbijlopen wanneer René van der Gijp, Nicky en een blonde vriendin de sporthal binnenlopen.

Desondanks worden er handen geschud en selfies gemaakt, want iedereen probeert zo goed en zo kwaad als het gaat de moed erin te houden en Van der Gijp is hier populair. Het is ook niet de eerste keer dat hij hier is, want hoewel hem het imago aankleeft van iemand die voornamelijk voor zichzelf leeft, wordt er zelden tevergeefs een beroep op hem gedaan.

Vlak voor de finale praat hij even bij met Henk van Ettekoven, de afgelopen jaren ook altijd van de partij als scheidsrechter. Van Ettekoven is inmiddels bijna tachtig jaar, de haren zijn grijs en de broek wordt tegenwoordig tot net onder de oksel opgetrokken, maar toch is er maar weinig verbeeldingskracht voor nodig om in zijn parmantige tred de arbiter van vroeger te herkennen.

De twee kwamen elkaar eind jaren zeventig voor het eerst tegen op de Nederlandse velden: Van Ettekoven was de degelijke leidsman uit Arnhem, Van der Gijp de flamboyante rechtsbuiten van Sparta met een voorliefde voor afstandsschoten en lange slaloms, en een aangeboren hekel aan meeverdedigen, koppen en al te autoritaire scheidsrechters. Maar dat is allemaal lang geleden.

'Kijk 'm staan, Henkie, met zijn 80 jaar,' zegt Van der Gijp. 'Kom, even een handje geven. Leuk.'

Misschien lijkt het maar zo, maar hij wekt de indruk de laatste tijd steeds vaker te worden overvallen door plotseling opkomende golven van weemoed. Anders dan voorheen heeft hij regelmatig de neiging in gedachten terug te gaan naar het begin van zijn spelersloopbaan, naar zijn onschuldige en zorgeloze jaren op Spangen als enfant terrible met een lok die als een baret over zijn voorhoofd viel, toen hij naam maakte als stronteigenwijze benjamin in een elftal vol routiniers.

Het waren de laatste onschuldige jaren van het Nederlandse voetbal, nog voordat het grote geld zijn intrede deed, toen shirtreclame al als een verregaande vorm van verloedering werd gezien. Steeds vaker klinkt er daardoor, naast de gebruikelijke ironie, ook vertedering in zijn stem door. Bijvoorbeeld wanneer hij vertelt over de walmende bakken Chinees op het biljart na afloop van Sparta's training. Of over Wim Suurbier die in het veld altijd net deed of hij Van der Gijp tactische aanwijzingen gaf, maar hem in werkelijkheid alleen maar wees op een paar lekkere meiden op de Schietribune, en die fantastisch kon vertellen over zijn jaren bij Schalke 04, de club die hij volgens Johan Derksen na Ajax vooral koos omdat hij dan in opdracht van zijn zaakwaarnemer, de goudhandelaar Hans Kattenburg, elke dag op weg naar de training in Duitsland een paar goudstaven in zijn kofferbak de grens over kon smokkelen.

'Het zal de leeftijd wel zijn, maar het klopt inderdaad dat ik vroeger koude rillingen kreeg bij de gedachte dat ik naar een reünie van oud-spelers moest, of op een verjaardag in een kringetje zou komen te zitten met alleen maar voormalig medespelers die over honderd jaar geleden spraken. Maar tegenwoordig kan ik weleens denken: het zou best leuk zijn om een van die jongens van toen weer eens te zien. Niet iedereen. Geen Eric Gerets bijvoorbeeld, daar heb ik nou niet zo'n behoefte aan. Maar Ruud Geels bijvoorbeeld. Dat is sowieso een van de aardigste mensen die ik ooit ben tegengekomen, Ruudje.'

Ruud Geels was eind jaren zeventig de eerste grote voetballer met wie hij te maken kreeg. Zelf was hij amper achttien jaar, zat net bij de selectie van Sparta. 'Geels was voor mij de eerste medespeler die in het Nederlands Elftal had gevoetbald. Daar keek ik enorm tegenop. Vóór die tijd was ik gewend om met jongens als Wim Meutstege en Luuk Balkestein te spelen. Ook leuk, maar een voormalig topscorer van Nederland in de kleedkamer, dat was andere koek.

Ik bewaar heel veel goede herinneringen aan hem. Vooral omdat hij in de omgang niets had van een vedette. Ruud was een verschrikkelijk aardige man. Nog steeds trouwens. Een autofreak, die ook altijd met een flitsende sportwagen naar de club kwam. Ik had net mijn rijbewijs. Als ik hem op zondagmiddag vaak genoeg alleen voor de keeper zette, mocht ik doordeweeks af en toe een rondje rijden in die wagen.

Ik keek alleen al tegen hem op vanwege die auto en omdat hij bijna nooit trainde en toch zoveel scoorde. Ruud was in zijn nadagen als speler en hij had achillesproblemen. Op de dag voor de wedstrijd deed hij in de partijtjes mee op sportschoenen. In de winter kon je hem niet aanspelen, want dan ging-ie op zijn bek. Of je zag hem over het veld rondjes lopen op badslippers. Het was een andere tijd. Maar dan nog merkte je aan hem dat hij een topspeler was. Ik heb sindsdien nooit meer iemand ontmoet die zo makkelijk een goal kon maken. En die net zo hard kon koppen als kon schieten. Een fenomeen hoor, die Geels. Hij was trouwens ook de enige speler ter wereld die, als hij in z'n eentje op de keeper afging, eerst nog even in de loop die sliert haar van 'm in het gareel legde, voordat hij de bal erin schoot. Ook knap, toch?

Steeds vaker sta ik erbij stil dat Geels en dat soort mannen mij voor een groot deel hebben gevormd. Niet alleen als voetballer, maar ook als persoon. Dick Advocaat. Gerard van der Lem. Chris Dekker. Die gekke Wim Suurbier. Allemaal volwassen gasten, die alles al hadden meegemaakt toen ik ze leerde kennen. En ik was natuurlijk van mijn zeventiende tot mijn eenentwintigste een makkelijk beïnvloedbaar kind. Anders had ik ook niet zo gek gedaan.'

Suurbier

-Spreek je Wim Suurbier eigenlijk nog weleens?

'Nee. Ik had ook lange tijd geen idee waar-ie uithing. Ik heb begrepen dat Wimpie even een tijdje buiten beeld moest blijven. Dat het, zeg maar, beter voor zijn gezondheid was, als-ie zich even een paar jaar niet liet zien. Hij werd gezocht door wat boze mensen die nog een paar centjes van hem te goed hadden. De Nigeriaanse onderwereld, zegt Johan Derksen altijd. Ik weet niet hoe serieus dat is. Maar ik sluit het niet uit. Daar ben ik namelijk al heel lang geleden mee opgehouden bij Wimpie, met iets uit te sluiten. Wel jammer dat ons contact is verwaterd. Die man is toch heel bepalend voor mij geweest.'

-Hoe dan?

'Oh, op zoveel manieren. Bijvoorbeeld door me in aanraking te brengen met de ongebruikelijke theorieën die hij eropna hield.'

-Zoals?

'Bijvoorbeeld dat je die hele neukerij niet serieus moet nemen. Dat stelt niets voor, zei Wim. Neuken, dat is hetzelfde als het drinken van een fles wijn. Dat doe je wanneer je er zin in hebt, je geniet ervan, maar je moet er verder niets verheffends achter zoeken. Dat heb ik altijd goed in mijn oren geknoopt. En verder heeft dat mannetje me gewoon enorm veel plezier geschonken. Suurbier was gek, maar leuk gek, op een aanstekelijke, bijna kinderachtige manier. Schaamteloos. Er zat geen rem op. Alles wat in zijn hoofd aan gekkigheid opkwam, deed hij gewoon. Alles. Bij wildvreemde mensen hun toupet van het hoofd trekken. In broodjeszaken ongevraagd een hapje nemen van iemands gehaktbal. Verkleed als ober met een blad bier het voetbalveld op komen. Dat soort dingen. En schreeuwen, heel hard schreeuwen. Wat dat betreft was Wim net als Fritz Korbach: die hadden allebei al ADHD voordat het was uitgevonden. Maar er zat nooit iets kwaadaardigs achter. Net als Fritz was Wim een kwajongen op leeftijd. Die wilde het liefst de hele dag kolder uithalen.'

-Ik sprak Suurbier laatst. Hij zegt dat je overdrijft.

'Echt niet. Ik zie hem nog het spelershome van Sparta in wandelen, niet met één maar met twee Amerikaanse cheerleaders aan zijn armen. Jezus, wat waren die lekker zeg. Die meiden hadden tieten jongen, dat leken wel watermeloenen. Het was de eerste keer dat ik siliconenborsten zag. Daar hadden we in Nederland zelfs nog van nooit gehóórd. Wimpie verdween er bijna tussen. Had je de koppen van de andere spelers moeten zien. Jo van Zoest en David Loggie en Danny Blind en zo. Eerst: totale verbijstering. En daarna werden ze gek, echt hele-maal gek. Vooral de echte geilneven in de selectie, zoals Louis van Gaal.'

-Waarom klikte jij met Suurbier?

'Wim accepteerde mij zoals ik was. Hij nam me 's nachts mee op sleeptouw. Suurbier woonde destijds op een flatje van Sparta in Capelle aan den IJssel, samen met die cheerleaders. Ikzelf woonde nog thuis. Ik was 19 jaar. Mijn vader had gezegd dat ik maar veel in de buurt van de grote Wim Suurbier moest blijven, want dat was een ontzettend ervaren prof van wie ik vast nog veel kon leren. Dus dat deed ik. Maar dan vooral 's nachts.

Ik sliep daar op een gegeven moment vier, vijf avonden per week. Soms met de ene cheerleader, soms met de andere, soms met alle twee. Je kon er gewoon tussen gaan liggen wanneer je er zin in had. Eigenlijk hadden Wim en ik daar in Capelle de eerste parenclub van Europa. Maar dan op amateurbasis, hè? Ik was nog jong. Suurbier wilde aan mij bewijzen dat je als voetballer echt niet elke avond om tien uur naar bed hoefde om toch twee WK-finales te kunnen spelen. Maar dat gold helaas alleen voor hem. Hij kon inderdaad makkelijk de hele nacht bier en wijn drinken en op tafels dansen en vrouwen versieren en dan om acht uur de volgende ochtend vooraan lopen op de training. Dat was fenomenaal. Hij wel. Maar ik kon dat niet. Ik was altijd helemaal total loss en niet vooruit te branden. Maar dat leek Wimpie niet te begrijpen.'

-Had je je niet beter op het voetbal kunnen concentreren?

'Misschien. Maar misschien ook niet. Het is maar hoe je ernaar kijkt.'

Zaterdag 18 juni 2016, 16:37 uur

PKC-hal, Papendrecht

Op het hoofdveld blaast Van Ettekoven nu met zichtbaar genoegen op zijn fluitje. De finale gaat zo beginnen. Robin Matena, de naamgever van het toernooi, doet zelf ook mee, blaast heel hard in zijn plastic buis en manoeuvreert op die manier zijn grote rolstoel in één rechte streep richting de achterlijn. Daar zet-ie 'm pal voor het minuscule doel waarin moet worden gescoord. 'Robin heeft een beetje te veel naar Mourinho gekeken,' zegt Van der Gijp, 'Mooi man. Die parkeert de bus net zo lang voor het doel tot de Wegenwacht hem komt wegslepen.'

Straks zal hij geduldig met het complete cheerleaderteam op de foto gaan en een oneindige rits bekers, cheques en bloemen uitreiken. Maar nu is hij even in de ban van de wedstrijd. Een van de spelers komt uit voor het Nederlands team. Dat is goed te merken, want hij tovert met de kleine bal, manoeuvreert zijn stoel met groot gemak en op hoge snelheid langs de kluwen andere rolstoelen en schiet regelmatig in de bovenhoek van het kleine doel. Van der Gijp is al snel gefascineerd.

'Kijk, die kan het echt,' zegt hij langs de kant.

Hij heeft zijn hele leven al een zwak voor mensen die vrij achteloos iets geniaals doen, of het nu Usain Bolt is die lachend over de finish sprint of een blonde mevrouw die in de palendansvereniging met souplesse richting plafond kronkelt, dat maakt geen verschil. Er was bijvoorbeeld een tijd dat hij niet uitgepraat raakte over Dimitar Berbatov, destijds de wat flegmatieke maar bij vlagen briljante aanvaller van Manchester United, een man met een laconieke oogopslag en de uitstraling van een apothekersassistent, maar dan met het inzicht van een schaakgrootmeester. 'Berbatov is voor mij de Hans Klok van het voetbal,' zei hij dan. 'Die man kan toveren met een bal. Echt een sieraad voor de sport, met een achteloze techniek en geniale ingevingen. Bij hem heb je altijd het idee dat hij gewoon in de tuin aan het voetballen is, met zijn zoontje op goal, en dat hij voor de grap eens iets probeert. Maar hij doet het dan in de Premier League. Prachtig is dat.'

Uitstraling heeft altijd een grote rol gespeeld in zijn voorkeur voor bepaalde spelers. Kijk naar zijn lijstje met all time favorieten en je vindt er vrijwel alleen maar afwijkende persoonlijkheden op. George Best. Maradona. Éric Cantona. Zlatan Ibrahimovic. Dat soort mannen.

Hij is goed in bewonderen. Noem de naam Özil of Iniesta en je bent gegarandeerd een uur verder, want René van der Gijp raakt nooit uitgepraat over voetbal. Regelmatig kan hem een jaloersmakend en bijna kinderlijk enthousiasme bekruipen, bijvoorbeeld wanneer hij een nieuw voetbalfilmpje op YouTube heeft ontdekt. 'Laatst stuurde iemand me een compilatie van Maradona-goals. Het waren voornamelijk doelpunten uit zijn beginjaren, toen hij nog in Argentinië voetbalde. Het merendeel was nieuw voor mij. Ik wist niet wat ik zag, man. Dat beroemde doelpunt tegen Engeland bijvoorbeeld, die solo die iedereen ter wereld kent, die bleek helemaal niet zo bijzonder. Voordat hij dat op het WK deed, had hij dat in Argentinië al wel twintig keer gedaan. En soms nog wel beter. Het was ongelooflijk om te zien wat dat mannetje allemaal met die bal deed. En dat in een tijd waarin zo'n speler veel minder beschermd werd door de scheidsrechter dan bijvoorbeeld nu bij Messi het geval is. Fe-no-me-naal. Ik heb echt met open mond naar dat kereltje zitten kijken.'

Het is mooi om hem weer zo enthousiast te horen. In theorie bestond de kans dat hij het voetbal na de dood van Daniëlle kapot zou relativeren, dat het voor hem op slag zijn waarde zou hebben verloren in het licht van de gebeurtenissen op die verdoemde donderdagnacht in maart. Maar dat is niet gebeurd.

Integendeel.

Het voetbal, en alles wat daarbij hoort, heeft in het leven van René van der Gijp een nieuwe functie gekregen. Het is een bindmiddel geworden tussen hem en zijn jongste zoon, een gelegenheid om tijdens Manchester City-Crystal Palace een tijdje samen te kunnen zwijgen zonder dat het ongemakkelijk wordt, een gespreksonderwerp dat altijd voor handen is als ze dat andere gespreksonderwerp willen laten rusten. Het is een bliksemafleider gebleken van alle ellende die het leven van het zondagskind en zijn zoon is binnengedrongen, een houvast in wankele tijden, en een gemeenschappelijke en niet-aflatende bron van troost.

Serieus

'Ik neem niets serieus. Vooral mezelf niet.'

-Hoezo eigenlijk niet?

'Kan ik niet. Ik zie mezelf de hele dag van alles doen. Ik zie mezelf wakker worden, ik zie mezelf koffie zetten, ik hoor mezelf tegen de hondjes praten.'

-Nou en?

'Nou, en? Ik weet niet hoe het met jou is, maar bij negen van de tien dingen die ik doe, denk ik toch al vrij snel: goh, wat ben ik nu toch allemaal aan het doen?'

Zondag 26 juni 2016, 16:22 uur

Pitch and Putt, Rhoon

Een tijdje geleden stond René van der Gijp langs de lijn bij een voetbalwedstrijd van Nicky toen halverwege de eerste helft zijn telefoon begon te trillen. 'Mam', stond er in het display. Er volgde een merkwaardig gesprek.

'René?'

'Ja, mam?'

'Mijn telefoon doet het niet.'

'Nee joh.'

'Echt. Hij is kapot.'

'Dat lijkt me sterk, ma. We hebben elkaar nu toch aan de lijn?'

'Jawel.'

'Nou, dan?'

'Ja, toch is hij kapot.

'Ma, hoe kan dat nou?'

'Weet ik niet.'

'Je belt er toch mee?'

'Ja, nou ik weet het ook niet hoor. Ik ben trouwens dood- en doodziek.'

'Echt?'

'Doodziek.'

'Wil je dat ik langskom, ma?'

'Ja.'

Hij begint eens flink te zuchten. 'En dan kom ik daar, bij mijn moeder, en dan blijkt er natuurlijk niets ernstigs aan de hand. Althans: niets ernstigers dan normaal. En doet ook de telefoon het gewoon. Maar dan wil ze dat ik kom. Op zich zou je daar om kunnen lachen. Maar niet als het een paar keer per etmaal gebeurt. Dan gaat op een gegeven moment de lol er wel af. Nee, het gaat hartstikke slecht met mijn moeder. Bah. Ik ga er soms een paar keer per dag heen. Dat mensje is op. Ze is 83 jaar en ligt eigenlijk alleen nog maar in bed. Ze is er ook klaar mee, merk ik. Ze heeft zich na mijn vaders dood altijd totaal onthand gevoeld. Hij nam haar altijd alles uit handen, waardoor ze behoorlijk hulpeloos is achtergebleven.

Ze steunt veel op mij, ik ben haar enige kind. Eigenlijk zou ze het volstrekt normaal hebben gevonden als ik de dag na de dood van mijn vader direct bij haar was ingetrokken. Waardoor alles wat ik wél doe – boodschappen, voor het eten zorgen, de post doornemen, haar gezelschap houden tot ze slaapt, dat soort dingen – automatisch een slap aftreksel zijn in haar ogen. Ik kan haar dus eigenlijk nooit tevreden stellen, kan nooit aan haar verwachtingspatroon voldoen. Behalve door 24 uur per

dag naast haar te gaan zitten. Maar dat is onmogelijk. Vreemden die dit zien, zeggen: jouw moeder behandelt jou niet als haar kind, maar als haar man. En daar zit wel wat in.'
Weer een diepe zucht.
'Nou ja, het is vervelender voor haar dan voor mij.'

Veel tijd om stil te staan bij het lot van zijn moeder, die al jaren haar dagen grotendeels in bed doorbrengt, is er vandaag niet. Morgen is Nicky jarig en vandaag, op deze zonnige zondag, viert hij dat met zijn vriendjes door een partijtje footgolf te spelen in Rhoon.

Footgolf is wat je denkt dat het is: een mix tussen voetbal en golf, waarbij het de bedoeling is een bal in zo weinig mogelijk pogingen in een gat in de grond te schieten. Vandaar dat er nu een stuk of tien jongetjes trappelend van ongeduld aan een grote tafel achter nog grotere glazen cola zitten, wachtend op het startsein.
'Mogen we al beginnen, pap?', vraagt Nicky.
'Tuurlijk wel,' zegt zijn vader.

En dan vertrekken ze, een sliert kwetterende 14-jarigen in shirtjes van Chelsea, Feyenoord, Paris Saint-Germain, Tottenham Hotspur en zelfs Ajax, al lachend, duwend en sprintend op weg naar Hole 1.

Straks, als ze uitgevoetbald zijn, zal er worden gebarbecued, maar Van der Gijp zou Van der Gijp niet zijn als hij ook dit klusje grotendeels heeft uitbesteed aan anderen. En dus arriveert er bij twee gereedstaande supersonische barbecues een sliert obers met kant-en-klare stukken vlees, kip, garnalen, vis en alles wat je verder maar boven een vuurtje kunt roosteren, en grote schalen met salades, groente, aardappelen, alsmede wat keukengereedschap en een schort.

'Kijkt u eens, meneer Van der Gijp,' zegt de jonge ober, 'hier is uw schort. Veel plezier met barbecueën.'

'Nee joh,' zegt Van der Gijp, 'doe jij het lekker, lieve jongen.'

Hij kijkt naar het schort met een gezicht alsof het een cape van de Ku Klux Klan is.

'Het is de bedoeling dat de gasten zelf barbecueën,' zegt de ober.

'Nee joh, laat gaan. Doe jij het lekker. Ga ik intussen wat te drinken halen voor ons. Jij vindt het toch leuk, met het barbecuetje spelen?'

'Jawel, maar het is niet gebruikelijk meneer, ik... '

'Doe jij lekker het schortje aan, pikkie. Even garnaaltje roosteren voor mij.'

'Het mag niet van mijn baas, ik... '

'Tuurlijk wel, joh.'

'Het is echt heel makkelijk, dat barbecueën. Ik kan het u zo uitleggen. Ikzelf word echt in de keuken verwacht.'

'Nee, joh. Laat gaan, die keuken. Kan jou dat nou schelen?'

'Nou, ik zal het even aan mijn baas vragen.'

Daarna vertrekt de ober richting keuken, om niet meer terug te keren.

Het barbecueën wordt uiteindelijk gedaan door Sanny. Die had op zijn veertiende al zijn eerste baantjes in de horeca en maakte daarna carrière als kok. Hij draait zijn hand niet om voor een schaal kipsateetjes. Zijn vader trekt uiteindelijk wel even het schort aan, maar dat is alleen voor de foto.

Achter de walmende barbecue komt het gesprek op het boek dat Sanny's moeder Jacqueline vorig jaar schreef, met de niets aan de verbeelding overlatende titel *Voorgoed Genezen van René van der Gijp*. Daarin vertelt ze openhartig over haar gestrande huwelijk met het mediafenomeen en beschuldigt ze haar ex-man onder andere van fysiek geweld. Een erg grote hit werd het niet. Ook de ophef die het moest veroorzaken, bleef grotendeels uit. Toen Sanny kanker kreeg, besloot zijn moeder zelfs de totale oplage te laten vernietigen. Inmiddels is het nergens meer te koop en ook allang geen gespreksonderwerp meer in de familie. Nooit geweest ook.

'Ik heb dat boek van mijn moeder niet eens gelezen,' zegt Sanny, boven zijn walmende barbecue. 'Trouwens dat boek van jou over mijn vader ook niet. Wil je nog een lekker sateetje?'

Hamburger

-Waarom heb je eigenlijk niet gewoon zelf een hamburger op die barbecue gelegd?

'Ik beperk me liever tot de dingen waar ik goed in ben, ouwe reus.'

-Over voetbal praten.

'Bijvoorbeeld.'

-Lekker makkelijk.

'Ja maar, wat heeft het voor zin om tegen heug en meug dingen te doen die ik niet wil, als het niet per se noodzakelijk is? Leg me dat eens uit.'

Maandag 27 juni 2016, 19:35 uur

Media Park, Hilversum

'Ah,' zegt Jan Boskamp, als hij vader en zoon Van der Gijp het studiocomplex van het Media Park ziet binnenkomen, 'daar zal je ze hebben, de Daltons.' Het is iets na half acht. Over een minuut of vijfentwintig begint de zoveelste editie van *Voetbal Inside.*

Een dag eerder, toen Rotterdam vroeg in de morgen nog grotendeels in diepe slaap was verwikkeld, had Jan Boskamp zich na een lange autorit al krakend en piepend uit zijn wagen gewurmd en was hij met plastic knie en al de Lijnbaan op gestrompeld. Hij was die ochtend om iets voor zessen opgestaan, kort na het laatste fluitsignaal van de zoveelste Zuid-Amerikaanse voetbalwedstrijd op televisie, en had nog in het donker zijn Belgische woonplaats verlaten om in het centrum van zijn geboortestad de nieuwe fanshop van Feyenoord officieel te komen openen.

Dat gebeurde met het doorknippen van een lintje, gevolgd door een machtige armzwaai waarmee hij de lange rij wachtenden uitnodigde om toch vooral zijn spoor te volgen. 'Kom binnen,' zei Boskamp, die zelf het goede voorbeeld gaf en even later als een moderne Rattenvanger van Hamelen de sliert Feyenoord-fans hun nieuwe sanctum sanctorum binnenleidde. Even later zat hij achter grote stapels van zijn nieuwste biografie en signeerde hij behalve boeken ook shirts, petjes, foto's, sjaals, papiertjes, posters, armen, benen, handen, polsen en alles wat hem verder door de ellenlange rij wachtenden maar aan spullen en lichaamsdelen werd aangereikt. Intussen transpireerde hij zich een ongeluk, want in de fanshop was het zo druk dat er al snel een temperatuur heerste die je eerder in een tropisch zwemparadijs verwachtte. Dat de airco nog niet werkte, hielp ook niet erg mee. Toen hij honderden handtekeningen en ontelbare selfies later weer vertrok, deed hij dat met natte haren van het zweet, maar ook met een plastic tasje waarin het nieuwste shirt van Feyenoord zat. Achterop stond rugnummer negen en daarboven, in zwarte letters: Nicky.

'Hier,' zegt hij nu in Hilversum tegen Van der Gijp jr., nadat hij hem even in een liefkozende armklem heeft genomen, 'en proficiat met je verjaardag.' Even later kan de jongste Van der Gijp glunderend worden waargenomen in de redactieruimte van *VI*, zijn nieuwe Feyenoord-shirt trots om de schouders. Hij ziet er gelukkig uit. Iets wat van zijn vader niet kan worden gezegd.

'Hoe gaat het, René?', vraagt Johan Derksen, die aan het betrokken gezicht van zijn tafelgenoot ziet dat er iets aan de hand is.

'Kut,' zegt Van der Gijp. 'Het gaat helemaal kut, Johan.'

In de gang legt hij uit wat er aan de hand is.

'Mijn nichtje belde vanmiddag, zij is vaak bij mijn moeder als ik er niet ben. Het ging opeens heel slecht met haar. De huisarts was gekomen, omdat ze opeens veel meer klachten had dan normaal. Die dokter sloeg gelijk alarm. Mijn moeder moest direct naar het ziekenhuis. Er werd een ambulance opgetrommeld, maar toen die er eenmaal was, weigerde ze mee te gaan. We hebben op haar ingepraat wat we konden, maar ze weigerde haar huis te verlaten. Uiteindelijk is dat ambulancepersoneel met brancard en al weer vertrokken. Ze hadden geen tijd meer en kunnen iemand die toerekeningsvatbaar is niet dwingen mee te gaan, zeiden ze. Het is vreselijk, Johan. Nu ligt ze weer in dat kamertje, te wachten tot het afgelopen is.

Ze ligt daar al jaren naar het plafond te staren en naar de radio te luisteren. Ik denk dat het zes jaar geleden is, dat ze voor het laatst buiten is geweest. Ik ga er straks na de uitzending direct weer naar toe. Er is grote kans dat ze vannacht nog overlijdt. En anders blijf ik bij haar tot ze slaapt. Meestal is dat om een uur of twee in de nacht. Dan is ze eindelijk diep genoeg in dromenland om haar even alleen te kunnen laten. En de volgende dag zorg ik ervoor dat ik er weer ben, samen met de mensen van thuiszorg en mijn nichtje. Zo gaat het al dagen. Nee, het is niks meer, met dat mensje. Het is een ramp.'

Daarna trekt hij in de kleedkamer een schoon shirt aan, wandelt naar de studio, gaat op zijn vaste stoel zitten en begint over voetbal te praten.

Niemand die iets aan hem merkt.

Een tijdje terug waaide er een nogal officieel uitziende e-mail de inbox van Van der Gijp binnen. Hij had er niet op gereageerd. Toen kwam er al snel nog zo'n mail. Die negeerde hij ook.

Waar zijn dagen zich vroeger als oases van rust en regelmaat aan hem openbaarden en hij zijn uren grotendeels vulde met het lezen van *Voetbal International* in de sauna, het doen van kleine boodschapjes en het net zo lang naar voetbal kijken tot hij lasogen had, daar wordt zijn tijd tegenwoordig grotendeels opgeslokt door de zorg voor Nicky en zijn eigen moeder. Hij had even geen tijd voor officiële mails.

Maar daarna volgde een aangetekende brief, die ook maar half gelezen werd, en uiteindelijk kwam het zo ver dat hij op een ochtend gerommel bij het hek van zijn woning hoorde en hij toen een mevrouw van de Kinderbescherming op zijn stoep aantrof.

'Donderdag wil ze langskomen, zei ze, om met Nicky en mij praten. Ze vroeg met een heel bezorgd gezicht hoe het nu ging met ons. Ik had eigenlijk willen zeggen: "Nou mevrouw, het valt als rechtgeaard pedofiel niet mee om opeens met een jongen van veertien in huis te wonen." Maar dat heb ik uiteindelijk toch maar niet gedaan. Ik geloof niet dat gevoel voor humor het sterkste punt is van de Kinderbescherming.'

Maar die donderdagmiddag, vlak voor het afgesproken tijdstip, wordt er in eerste instantie niet opengedaan in huize Van der Gijp. De mevrouw van de Kinderbescherming is nergens te zien. Ook ontbreekt er een auto op de oprit.

Pas na lang kloppen wordt de deur op een kier opengedaan. De vaste schoonmaakster legt uit wat er aan de hand is. 'René is er niet. Hij kreeg een telefoontje, sprong opeens op en is toen met gierende banden vertrokken. Ik denk dat hij naar het huis van zijn moeder is.'

Dat laatste wordt even later bevestigd door Nicky, die met zijn iPad op de bank zit om het laatste voetbalnieuws in de gaten te houden. 'Ik zal papa wel even bellen,' zegt hij. Even later komt Van der Gijp aan de telefoon.

'Ik ben bij mijn moeder. Mijn nichtje en ik hebben besloten haar niet te dwingen naar het ziekenhuis te gaan, als dat mensje dat niet wil. Ze heeft ook tegen ons gezegd dat ze niet meer wil leven. En het heeft ook geen zin meer zo. De dokter geeft haar nu morfine, zodat het allemaal zo pijnloos mogelijk gebeurt. Het klinkt bizar, maar dit is gewoon het beste. En die vrouw van de Kinderbescherming heb ik vanochtend voorlopig even afgebeld. Ze komt maar een andere keer. Aan de telefoon heb ik vast een paar vragen beantwoord. Ze wilde ook een gesprek onder vier ogen met Nicky, maar daar heb ik geen toestemming voor gegeven. Rot op. Ik zei: "Mevrouw, ik heb al niet zo'n hoge pet op van onze samenleving, ik vind Nicky eigenlijk een van de weinige normale mensen in mijn omgeving, en dat wil ik graag zo houden." Daarna heb ik opgehangen.'

De volgende dag, als in Hilversum de tune van *Voetbal Inside* wordt ingezet, ontbreekt Van der Gijp op zijn vaste plek. Hans Kraay jr. zit nu als zijn vervanger aan tafel. 'Maar,' zegt

Kraay, vlak voordat het programma is afgelopen en Danny Vera de eindtune inzet, 'ik hoop echt dat ik niet vaak meer op deze stoel hoef te zitten, want ik moet zeggen: René krijgt het momenteel wel heel-heel-héél erg voor z'n kiezen.'

Problemen

'Ik praat niet graag over mijn problemen met anderen.'

-Waarom niet?

'Geen idee. Zit er niet in. En ik ben ook wel een beetje zo opgevoed, moet ik zeggen. Het zit in de hele familie Van der Gijp.'

-Wat?

'Dat je je problemen oplost zonder er anderen mee lastig te vallen.'

Dinsdag 5 juli 2016, 12:49 uur

Huize Van der Gijp, Dordrecht

Op de eettafel ligt een briefje, met een stempel van de dokter. Daarop staat dat René van der Gijp stand-by moet zijn, omdat z'n moeder in haar laatste levensfase verkeert. Toch zal hij straks de deur openen voor de mevrouw van de Kinderbescherming. Vooral omdat hij er nu zo snel mogelijk vanaf wil. Niet omdat hij zich erop verheugt. 'Voor zo'n gesprek met zo'n vrouwtje geldt eigenlijk hetzelfde als wat mijn ome Cor beweert over de wedstrijdbesprekingen van trainers. "Het is wel zo beleefd dat je als speler even net doet of je luistert," zegt hij altijd, "maar je kunt er net zo goed met je rug naartoe gaan zitten."'

Even later is het zover. De mevrouw van de Kinderbescherming heeft een plek aan de lunchtafel gekregen, waar vader en zoon gewoon dooreten, terwijl zij uitlegt wat de bedoeling is. Er blijken om te beginnen wat administratieve vraagtekens te zijn. Ook stelt ze eerst nog voor het gesprek – gezien de situatie – uit te stellen, en ook om het onder vier ogen te voeren. Van der Gijp vindt het allemaal onnodig.

'Nee joh, je bent er nou toch,' zegt hij. 'We doen het nu.' Daarna laat hij zijn ogen weer over de rijk gevulde tafel dwalen, want hij is niet van plan zijn lunch te laten bederven, en zeker niet door de Kinderbescherming. Hij heeft niet voor niets vier soorten broodjes gehaald, verse jus d'orange, melk, en twaalf soorten beleg.

De vrouw vraagt nog wel even of het gesprek nu ook automatisch in het boek komt dat er over hem wordt geschreven.

'Nou, Harry kennende wel,' zegt Van der Gijp gelijk, tussen twee happen door. Daarna slaat hij even heerlijk aan het overdrijven. 'Ja, dat zit er dik in, want Harry schrijft alles op wat er in mijn leventje gebeurt. Doet-ie al maanden. Hij woont hier ook grotendeels in huis, hè? Wekenlang slaapt hij hier al. Hij doet inmiddels ook het huishouden, mijn administratie, hij wast de auto's, bakt 's ochtends een eitje, maakt de post open... Nee, het maakt Harry allemaal niet meer uit.'

Dan begint hij hard te lachen om het bezorgde gezicht aan de andere kant van de tafel.

'Nee joh, lieverd, maak je niet druk. Doe jij nou gewoon wat je wilt, dan eet ik nog een broodje. Je mag alles vragen. Ik heb geen geheimen voor Nicky en voor Harry. Ze mogen alles horen.'

-Goed. Volgens mijn gegevens heb jij Nicky als kind erkend toen hij vijf jaar oud was.

'Zou kunnen, lieve schat.'

-Toch?

'Ja, voor zover ik weet wel, ja.'

-Alleen is nooit geregeld dat jij ook wettelijk gezag over hem kunt uitoefenen.

'Zou kunnen hoor, zou kunnen. Ik ben daar nooit zo mee bezig geweest. En Daniëlle ook niet. Hij heeft wel mijn achternaam, toch?'

-Volgens onze gegevens wel.

'Oké. Is toch lekker?'

-Euh... ja. Even terug naar 4 maart. Zijn moeder overleed en toen kwam Nicky gelijk hier?

'Ja, dat was eigenlijk geen vraag meer. Zijn halfbroer is 25 jaar, daar heb ik een huisje voor geregeld, maar daar hoef ik verder niet al te veel naar om te kijken. Maar voor Nicky was het natuurlijk totaal anders. Dus heb ik hem gelijk mee naar hier genomen. Heb ik ook geen seconde over getwijfeld.'

-Jullie zagen elkaar toen al wel regelmatig?

'Elke dag, lieve schat. Ik ging daar vrijwel elke avond eten.'

-Nicky, kun je iets over jezelf vertellen? Hoe zou jij jezelf omschrijven?

'Nou, ik heet dus Nicky en ik ben 15 jaar oud en ik hou van voetbal, net als mijn vader. Dat is eigenlijk mijn passie. Ik heb het makkelijk op school, het kost me weinig moeite. Verder ben ik heel rustig. Ik lig vaak lekker op de bank.'

-Het overlijden van je moeder, heeft dat invloed op je gehad?

'Ik ben natuurlijk best wel verdrietig geweest. Een weekie, twee weken. Maar op een gegeven moment moest ik ook weer verder met mijn normale leven. Heb ik ook mijn schoolwerk weer opgepakt en het voetbal. Tuurlijk denk ik er nog elke dag aan, maar verder gaat het goed met mij.'

René: 'Zijn moeder had een behoorlijk drank- en medicijngebruik, waardoor hij eerlijk gezegd wel steeds minder aan haar had. Ze kwam al twee jaar lang nauwelijks het huis uit. Niet iedereen heeft dat gezien, maar het was wel zo. Misschien ben ik wel de enige die dat zag. Maar ja, de meeste mensen zijn ook niet erg geïnteresseerd in anderen hè? En je moet niet vergeten dat zijn moeder de laatste drie jaar al vrij slecht was, eerlijk gezegd.'

-Slecht?

Nicky: 'Er zat niet veel energie meer in.'

René: 'Ze was elke dag aan het overgeven.'

Nicky: 'Ze kon op het laatst helemaal niet meer eten.'

-Nicky, heb jij je daar weleens zorgen over gemaakt?

'Natuurlijk. Ik heb het er weleens met mijn broer over gehad. Dat we tegen elkaar zeiden: dat kan toch niet altijd goed blijven gaan, als je zoveel drinkt? Maar ja, wat doe je eraan?'

René: 'Jullie moeder heeft zich helemaal weggecijferd.'

Nicky: 'Ja. Ze deed alles voor een ander en niets voor zichzelf.'

-René, kon jij het daar met haar over hebben?

'Nee, maar dat snap ik ook wel. Daniëlle had de zorg over twee kinderen, wat best pittig is. En dan een vriend die elke avond kwam eten en van wie de mensen in de stad tegen haar zeiden: "nou, jij moet wel de hele dag dubbel liggen met zo'n gozer in huis", terwijl ze dan bij zichzelf dacht: "eerlijk gezegd heb ik nog nooit zo'n depressieve gek meegemaakt". Dan snap ik wel dat je van zo iemand als ik geen commentaar op je eigen levensstijl accepteert. Dat vind ik eigenlijk volkomen logisch.'

-Maar er was nog wel sprake van een relatie tussen jou en Daniëlle?

'Nou, ik heb met alle vrouwen die ik na mijn twintigste heb leren kennen nog een relatie. Ik draag ze allemaal nog een warm hart toe. Zeker de moeders van mijn kinderen, maar ook de andere meisjes die in mijn leventje lief voor me zijn geweest, en ook een paar mannen trouwens. Ik zie relaties geloof ik niet zoals anderen dat zien. Ik zie het niet als iets waarbij je verplicht moet samenwonen en ik zie het ook niet als iets wat van de ene op de andere dag voorbij is. Ik heb diepe relaties met een aantal mensen die ik heel graag mag, zonder dat we samenwonen. En Nicky's moeder was er absoluut één van.'

-Nicky, zijn er dingen voor jou veranderd sinds je hier woont?

'Nee, niet veel. Nee, eigenlijk niks.'

-Bij je moeder thuis ging het met ups en downs. Is het hier rustiger voor je om te wonen?

'Rustig is het hier zeker. Er is hier nooit iemand en er komt ook niemand. Alleen Mulisch, als-ie een boekje over mijn vader aan het schrijven is. Verder zit je hier lekker op je gemak. Dat vind ik ook wel prettig.'

René: 'Hij heeft net als ik geen behoefte aan heel veel prikkels.'

Nicky: 'Ik ben ook geen vervelende puber. Het enige verschil is dat het hier iets schoner is dan bij mij moeder. Niet dat het daar vies was, helemaal niet, maar mijn vader heeft echt smetvrees.'

René: 'Nou, ik ben nog niet zo erg als David Beckham. Die

rijdt nog terug naar huis als-ie vermoedt dat-ie een theedoek niet heeft rechtgehangen in de keuken. Dat doe ik niet.'

Nicky: 'Als ik 's ochtend opsta voor school en het bed rommelig achterlaat, is het helemaal schoon en opgemaakt als ik terugkom.'

René: 'Ik draai drie keer per dag een wasje. Maar dat doe ik mijn hele leven al. Vind ik niet gek. Het kost ook geen moeite. Ik zet dat ding aan, een uurtje later is-ie klaar en gaat-ie vanzelf uit.'

-Maar het is niet dat je last hebt van de smetvrees van je vader?

Nicky: 'Nee, ik vind het eigenlijk wel lekker.'

René: 'Hij trekt zijn Nike-broek uit en pleurt hem in de gang op de grond... '

Nicky: '... en 's middags ligt-ie gestreken in de kast.'

-René, wat zijn de regels hier in huis?

'Er zijn hier geen regels, schat.'

-Maar ik bedoel: waar moet Nicky zich aan houden?

'Nergens aan. Zolang-ie nou maar niet morgenavond met zijn 43-jarige vriendin aankomt, vind ik het allemaal goed. Nee, we hebben geen regels in dit huis.'

Nicky: 'Ik ben ook niet vervelend, dat scheelt natuurlijk ook.'

René: 'Ik ben geen strenge vader. Kan ik niet. Ik geloof dat ik op mijn zesde jaar voor het laatst echt boos op iemand ben geweest.'

Nicky: 'Ik sloop trouwens ook nooit iets.'

-Geen regels klinkt goed, maar niet alle kinderen kunnen daarmee omgaan.

Nicky: 'Ik wel. Ik ben op school nog nooit de klas uit gestuurd. Ook nog nooit te laat gekomen. Ik ben heel rustig.'

-René, ik heb in je boek gelezen dat je zegt: ik ben niet geschikt om fulltime vader te zijn.

'Nee, dat dacht ik ook, dat dat zo was. Maar dat is lang geleden. Er is veel veranderd. Ik ben nu 55 jaar. Ik heb het redelijk voor elkaar, waardoor ik niet te veel zorgen heb. En, niet verder vertellen hoor, maar ik ben er op zijn zachtst gezegd ook wel een beetje klaar mee.'

-Waarmee?

'Met mezelf nog overal te laten zien. Of de hele tijd mensen te vermaken. Ik heb de focus nu op mijn moeder en op Nicky. Straks gaan we lekker op vakantie, die kleine en ik.'

-Ik dacht ook ergens gelezen te hebben dat jij een hekel hebt aan op vakantie gaan?

'Ja, is ook zo. Ik kon me twee jaar geleden ook niet voorstellen dat ik ooit vrijwillig zou inchecken in een All Inclusive Hotel in Griekenland. Dan zou ik me nog liever van de Van Brienenoordbrug gooien. Maar ik heb nu met iemand te maken die dat wel leuk vindt. Dus dan gaan we dat maar doen. Er zit niks anders op, lieve schat. Ik kan wel tegenstribbelen, maar het gaat nu toch gebeuren. Ik geef me over. Nicky en ik gaan naar Griekenland op vakantie. En nu maar hopen dat Gordon daar niet de hele dag achter me staat, want die zit er ook.'

-Vind je het lastig?

'Wat?'

-Het vaderschap.

'Totaal niet. Nee, ik heb me er volledig op ingesteld. Nee, sterker nog: ik vind het eigenlijk wel een verrijking van mijn leven. Ik ben blij dat ik hem even bij me mag hebben. Meen ik echt.'

-Wat vind je precies een verrijking?

'Dat ik in de gelegenheid ben om zo'n mannetje nog wat dingetjes bij te brengen. En ik merk ook aan mezelf dat het goed voor mij is om hem in mijn buurt te hebben. Kijk, ik heb zelf sterk de neiging om de hele dag bij mezelf te denken: het gaat he-le-maal nergens over, zo'n leventje. Maar op zich is dat niet handig, om dat de hele dag te denken. Of vind jij van wel? En het is ook niet iets waar je een 15-jarige mee lastig moet vallen. Die moet het zelf allemaal maar ondervinden. Dus pas ik me aan. Hetzelfde geldt voor de situatie met mijn moeder. Als ik dat mensje zo zie liggen in haar luier, enorm bang voor de dood en inmiddels zo ver heen dat ze me niet eens meer herkent als haar zoon, dan zou ik natuurlijk ook in één rechte lijn naar de kroeg kunnen rijden en daar vijf flessen wijn op kunnen drinken. Dat helpt meestal wel even. Maar nu denk ik: nee, ik moet terug naar Nicky. En dat is beter. Ga ik lekker met hem op de bank liggen en naar de Tour de France kijken. Is ook lekker en heeft hetzelfde effect. Je ziet: eigenlijk heb ik een soort permanente psychologische hulp in huis. '

'Ja. Ik zou je willen vra... '

'En weet je wat ook een voordeel is, van zo'n mannetje om je heen? Kijk, vroeger gaf ik tweehonderd lezingen per jaar.

Niet per se voor mijn lol, maar omdat ik gewoon geld moest verdienen. Want buiten het feit dat ik al die vrouwen uit mijn leven nog steeds lief vind, onderhoud ik ze ook allemaal. Maar inmiddels heb ik een dermate goed contract bij RTL dat die lezinkjes niet meer hoeven. We zitten dus het merendeel van de tijd lekker thuis, die kleine aap en ik. Soms doe ik iets voor een goed doel, maar dan neem ik Nicky gewoon mee. Ik kan al mijn aandacht aan hem geven. Hij vindt het bijvoorbeeld lekker om met de auto naar school te worden gebracht. Nou, dan doen we dat toch? Zit ik niet mee.'

-Nicky gaat met de auto naar school?

'Ja.'

-En waar zit hij precies op school?

'Nou, gewoon, hier in Dordrecht.

-Aha.

'Ja, je kunt zeggen: hij wordt een beetje te veel in luxe en overdaad grootgebracht. Dat kan. Maar aan de andere kant: dat is ook weer relatief hè? Ik bedoel: bij de zoon van Bill Gates zal het nog wel een graadje erger zijn, toch?'

-René, hoe zou je jezelf nu als vader omschrijven?

'Ja, geen idee.'

-Je lijkt me een heel zorgzame man.

'Ben ik ook, lieve schat.'

-Maar wat is er verder nog over jou als vader te vertellen?

'Nou, ik denk wel dat Nicky een heel raar soort vader heeft getroffen. Geen vader die elke ochtend om zeven uur inklokt bij de schadeafdeling van een verzekeringskantoor, zal ik maar zeggen, en dan om vijf uur weer uitklokt. Maar volgens mij vindt hij het wel leuk zo. Het feit dat zijn vader een heel klein beetje koekoek is, hoort er ook wel bij. Toch? Nick?'

Nicky: 'Ja. Kinderen in de klas vragen weleens: hoe is het nou om zo'n vader te hebben? Maar als ze 'm leren kennen zeggen ze: hij is eigenlijk net als iedereen.'

-Nicky, hoe ga jij om met de bekendheid van je vader?

'Daar moet ik altijd wel om lachen. Vind ik wel leuk. Op de havo was een keer een lerares die mijn achternaam hoorde en zei: "Die Van der Gijp op tv, dat is echt een gek." Toen zei ik: "Ik weet het mevrouw, dat is mijn vader."

René: 'Dat vindt-ie wel leuk, dat soort dingen.'

Nicky: 'Maar je bent ook een beetje koekoek, pap.'

René: 'Ja, natuurlijk Nick, maar dat weet ik gelukkig zelf ook nog wel.'

-Je bent dus geen standaard vader René, maar wat ben je dan wel?

'Geen idee, lieverd, maar ik denk wel dat Nicky het het best heeft getroffen van alle kinderen in Nederland. Om de doodeenvoudige reden dat ik er gewoon altijd voor hem ben en verder geen zorgen heb, behalve dan nu even over mijn moeder.'

-Doe je dat bewust voor hem?

'Nee. Ik vind het heerlijk zo, wij tweeën op ons gemakkie thuis.'

-Je vertelde dat je moeder naar verwachting binnen een etmaal komt te overlijden. Dat is heel snel na Daniëlle. Hoe ga je daarmee om?

'Het is iets gemakkelijker te accepteren. Zij is 83 jaar, Daan was pas 46. Mijn moeder wil ook niet meer leven, dan is het een iets ander verhaal. Maar ik vind dat Daniëlle er nog gewoon had moeten zijn. Al was het alleen maar voor haar kinderen.'

-Een stomme vraag en begrijp me niet verkeerd, maar denk je dat het overlijden van je moeder uiteindelijk ook veel rust gaat opleveren?

'Natuurlijk. Iedereen bij wie je emotioneel betrokken bent, is een bepaalde zorg. Toch? Maar op zich is daar niks mis mee. We zijn er op dit aardbolletje niet alleen voor onszelf. Sommige mensen denken daar anders over. Die gaan van hun vrouw af en zeggen dan: zoek het lekker uit. Of er zijn mensen die kunnen die extra zorgen er niet bij hebben. Nou ja, ik kan het er toevallig wel bij hebben.'

-Heb jij het ook nodig?

'Om voor mensen te zorgen? Ja, dat heb ik nodig, ja. Omdat ik niet vind dat ik vijf, zes ton per jaar verdien om er alleen maar zelf plezier van te hebben. Daar wil ik wel het liefst zo veel mogelijk mensen bij betrekken. Dat vind ik leuk. Anders zou ik er totaal geen lol in hebben. Ik verdien dat geld niet om er helemaal alleen van te genieten. Dat slaat nergens op.'

-**Praten jullie samen weleens over wat er gebeurd is?**

René: 'Ja hoor.'

Nicky: 'Nee.'

René: 'Wel toch?'

Nicky: 'Nee, niet echt. Maar we zeggen weleens tegen elkaar: jemig , ongelooflijk hoeveel er is gebeurd.'

René: 'Ik vind dat hij heel makkelijk over zijn moeder praat, hoor. Hij heeft het er wel vier, vijf keer per dag over.'

Nicky: 'Dan vertel ik over de leuke dingen. Want we hebben ook heel veel leuke dingen meegemaakt.'

Van der Gijp: 'Tuurlijk wel. Zeker weten. Dat mensje heeft haar stinkende best gedaan voor jullie. Als er een verjaardag werd gevierd, leek dat huis wel een McDrive, zoveel auto's met kindertjes stonden er dan voor de deur.'

Nicky: 'Valt wel mee, pap.'

René: 'Nou, ik zou er persoonlijk geen zin in hebben.'

-Goed. Ik moet nu een formele vraag stellen.

René: 'O jee.'

-Aan Nicky.

'O, gelukkig.'

-Vind jij, Nicky, dat jouw vader in staat is om voor jou de juiste beslissingen te nemen?

'Ja. Tuurlijk.'

-Ja?

'Ja, dat lukt hem wel.'

René: 'Nou, daar zou ik nog niet zo zeker van zijn, pik, want je vader vindt het anders al 55 jaar heel erg moeilijk om voor zichzelf de juiste beslissingen te nemen.'

-En Nicky, als ik vraag, hoe is jouw relatie met je vader?

'Ja?'

-Wat zeg je dan?

'Perfect.'

-Ja?

'Echt perfect.'

En dat zeg je ook als hij er niet bij is?

'Ja, tuurlijk. Hij is gewoon een goed mannetje.'

Klaar

-Gecondoleerd met je moeder, René.

'Dankjewel, ouwe reus'

-Hoe is het met je?

'Goed. Het is beter zo.'

-Ja.

'En jij?'

-Ook goed. Het boek is klaar.

'Nee!'

-Jawel.

'En? Is het leuk geworden?'

-Geen idee. Ik heb wel mijn best gedaan.

'Lekker toch?'

-Nicky heeft gezegd dat hij het niet gaat lezen.

'Nee? Waarom niet?'

-Hij zegt dat hij nooit boeken leest en dat hij het ook niet van plan is.

'Oké.'

-Het vorige boek over jou heeft-ie trouwens ook niet gelezen.

'Geldt voor mij ook, ouwe pik. En ik weet ook niet of ik deze wel ga lezen. Ik zie wel.'

-Wat ben je toch een vreemde man.
'Ja, weet ik toch? Maar ik wens je heel veel succes met het boekie hoor Harry, meen ik echt.'

EINDE

Met dank aan:

Marieke Derksen, Peter van Duyl, Guyana van Egmond, Nina van Egmond, Casper van Eijck, Oscar van Gelderen, Nicky van der Gijp, Sanny van der Gijp, Willem van Hanegem, Jan Hillenius, Antoinnette Scheulderman, Koen Schipper en alle medewerkers van restaurant The Harbour Club, Rotterdam.